お笑い世代論

ドリフから霜降り明星まで

ラリー遠田

光文社新書

はじめに

なぜ「お笑い世代論」が流行っているのか

「お笑い第七世代」という言葉が生まれてから2年余りの月日が流れた。第七世代と呼ばれる気鋭の若手芸人たちの勢いはとどまるところを知らず、今ではお笑い界の一角に着実に居場所を築きつつある。

お笑いの歴史上、新しく出てきた若い芸人たちが一時的にもてはやされたことは何度もあるが、第七世代の場合はそれだけに終わらない息の長いブームになっている。

私はお笑い評論家を名乗り、お笑い業界の動向を日々追いかけている。そんな私から見ても、今回の第七世代ブームは興味深い現象だ。

というのも、少し前までのお笑い界では高齢化が叫ばれていて、若い芸人はなかなか世に出てこられなくなっていたからだ。

だが、第七世代ブームによってその状況がガラッと変わり、いまや第七世代が1つの勢力となっている。

世代論にはどこかうさん臭いところもある。しかし、世代を表す言葉が作られ、その認識が広まることで、結果的に世の中が動いていくという現象自体は興味深いものだ。

日本で世代論が流行る理由の1つは、日本が諸外国と比べて人種・宗教・言語・所得などの格差が少ない均質的な社会であるため、人々の間の微妙な差異を語るための材料として、世代論が便利だからなのだという。

たしかに、芸人について考えるうえでも、世代論という物差しは実に使い勝手がいい。

今のテレビでは、幅広い年齢層の多種多様な芸人があらゆるジャンルの番組に出演している。70代のビートたけしと20代の霜降《しもふ》り明星《みょうじょう》が肩を並べて同じスタジオ空間にいることさえある。

年齢も生き方もキャリアもまったく違う芸人たちが当たり前のように共存するお笑い界を論じるにあたって、「世代」という視点を導入するのは有効である。

「第七世代」という言葉が発明されたおかげで、そこから逆算して第一世代から第六世代までの大まかな分類が行われるようになり、世代ごとの違いについても盛んに論じられるようになった。

私自身も、メディアの中でそういった芸人の世代論についてコメントをしたり、文章を書いたりしたことが何度もある。

ただ、誰をどの世代に入れるか、世代ごとの特徴をどう考えるか、といったことについては、識者によって見解が微妙に異なり、定説のようなものはない。

本書は、そんな「お笑い世代論」に関する私なりの見解をまとめたものだ。

「第七世代」という言葉が世間に浸透し、第七世代の特徴などがメディアではやたらと語られる割に、それ以前の世代に対する言及が少なかったり、芸人の世代論そのものについてきちんと議論が行われていなかったりすることが個人的には気になっていた。

本書の分類・整理がどのくらい的を射ているかはわからないが、自分の中では決定版と言えるような内容を目指したつもりだ。

第一世代以降の芸人の世代論を語るうえで外せないのが「テレビ」の存在である。１９５３年に日本で地上波テレビの本放送が始まって以来、テレビは各家庭にどんどん普及して、やがて芸人たちの主戦場にもなっていった。

第一世代以降、芸人が「売れる」とは「テレビにたくさん出る」ということを意味するようになった。戦後の芸人の歴史を振り返るうえでは、彼らがテレビとどう関わってきたか、ということを考えざるを得ない。

第一世代と呼ばれる芸人たちは、テレビという新しいメディアに適応することで、一時代を築いた。

その後、各世代の芸人たちが、テレビという戦場で火花を散らし、領土争いに明け暮れた。そして、第七世代の時代に入ると、テレビの影響力は下がり、テレビだけにこだわらないという芸人も増えてきた。

本書ではこのような芸人とテレビの関係性の変化に注目しながら、世代論を組み立てていくことにする。

本書で扱う各世代の代表的な芸人

本書では、芸人を「第一世代」から「第七世代」までに分類して、それぞれ世代ごとの特徴について解説していく。

各世代ごとに2組ずつの代表的な芸人を取り上げて、彼らを中心に話を進める。本書で主として論じる各世代の芸人は以下の通りである。

・第一世代　いかりや長介（ザ・ドリフターズ）、萩本欽一《はぎもときんいち》（コント55号）
・第二世代　ビートたけし、明石家さんま
・第三世代　とんねるず、ダウンタウン
・第四世代・第五世代　ナインティナイン、ロンドンブーツ1号2号
・第六世代　キングコング、オリエンタルラジオ
・第七世代　霜降り明星、ＥＸＩＴ

第一世代の代表がいかりや長介と萩本欽一であることに関しては、恐らく異論を唱える者は少ないだろう。

彼らは舞台で見せる芸とは違うテレビ向けの「テレビ芸」を発見し、それを極めたことで時代の寵《ちょう》児《じ》となった。

第二世代の代表は、一般的には「タモリ・たけし・さんま」の「お笑いビッグ3」である

と言われている。

だが、タモリは赤塚《あかつか》不二夫《ふじお》などの文化人に評価されて脇道から芸能の道に進んだ異端児であり、いわゆる「芸人」とは一線を画す存在である。

そのため、師匠のもとで修業を重ね、舞台で経験を積んできた、たけしとさんまを代表的な芸人として取り上げることにした。

第三世代の代表がとんねるずとダウンタウンであることに関しても、一般には彼らと同列であるウッチャンナンチャンをなぜ外すのか、と違和感を持つ人もいるだろう。

もちろん、ウッチャンナンチャンはお笑い史を語るうえで重要な存在ではある。

しかし、テレビバラエティやお笑いの分野で後世に与えた影響がより大きいのは、とんねるずとダウンタウンのほうではないかと思う。

そのため、今回は割愛することにした。

第四世代・第五世代のナインティナイン、ロンドンブーツ1号2号、第六世代のキングコング、オリエンタルラジオに関しても、なぜ彼らを選んだのか、疑問に思う人がいるかもしれない。

この2つの世代はとにかく芸人の数が多い。レギュラー番組を複数持つような売れっ子だけに絞っても、その数は膨大なものになる。

その中でこの4組を選んだのは、彼らがいずれも若いうちから注目され、キャリアの早い段階で成功を収めた同世代のトップランナーだからだ。

芸人の数が多く、競争が激しい中で、いち早く圧倒的に突き抜けた存在になったのがこの4組である。

そのため、第四世代・第五世代と第六世代に関しては、あえてこの4組に絞り込んで論じていくことにする。

第七世代に関しては、まずは「第七世代」という言葉の発明者でもある霜降り明星が代表であることには異論はないだろう。

もう1組の代表としてＥＸＩＴを取り上げたのは、彼らの活動や発言内容が新しい世代に象徴的なものであると思うからだ。

それぞれの芸人を選んだ理由については、各章の中でも改めて説明することにする。

世代分けの定義

お笑いを世代で語ろうとするときの一番の困難は、そもそも何を基準にするべきか、確固たる定義が存在しないことだ。

「第三世代」や「第七世代」という言葉自体はもともとあるものだが、それらも明確に定義されているわけではない。

芸人を世代で分けるための大まかな基準としては、「生まれ年」「デビュー年」「売れた年（世に出た年）」の3つが考えられる。

お笑い世代論がメディアで語られるときには、この3つそれぞれの都合のいい部分を取り入れて世代分けをしていることが多い。

そこで、本書ではあえて「生まれ年」のみを基準にして世代分けを考えることにする。「デビュー年」や「売れた年」に比べると、最もぶれがなく客観性のある指標だからだ。

また、第四世代と第五世代は区別せずにひとまとまりと考えて、同じ章で扱うことにする。この件について詳しくは本文中で述べる。

本書の第一世代から第七世代までの定義は以下の通りだ。

・第一世代　１９３１～１９４６年生まれ
・第二世代　１９４７～１９６０年生まれ

・第三世代　1961〜1970年生まれ
・第四世代・第五世代　1971〜1976年生まれ
・第六世代　1977〜1988年生まれ
・第七世代　1989年以降の生まれ

このように生まれ年で各世代を定義すると、一般的なお笑い世代論とはズレが出てくるところもある。

たとえば、1945年生まれのタモリは生まれ年を基準にすると第一世代にあたるはずだが、一般には第二世代であると言われている。

1970年生まれのナインティナインの岡村隆史も生まれ年では第三世代のはずだが、一般的にはそれより下の世代だと見られている。

このようなズレが出る一部の芸人に関しては、一般的な区分を優先して採用することにする。生まれ年はあくまでも1つの目安のようなものだと考えていただきたい。

生まれ年で分けることにしたもう1つの理由は、お笑い以外の一般的な世代論は生まれ年で区分されるものだからだ。本書でも一般的な世代論と重ねながら話を進めていく。

ただし、**「団塊《だんかい》（の）世代」「新人類世代」**といった世代論の用語に関しても、明確な定義はなく、論者や文献によって指している年代も微妙に違っていたりする。

その点に深入りしていてもきりがないので、本書では一般的な世代区分については『日本初！たった1冊で誰とでもうまく付き合える世代論の教科書「団塊世代」から「さとり世代」まで一気にわかる』（阪本節郎・原田曜平著／東洋経済新報社）の記述に従った。

同書では、生まれ年で以下のように世代分けを行っている。

・1947〜1951年生まれ　（広義の）**団塊世代**
・1952〜1960年生まれ　**ポパイ・JJ世代、シラケ世代**
・1961〜1970年生まれ　（広義の）**新人類世代**
・1971〜1982年生まれ　**団塊ジュニア世代**
・1983〜1994年生まれ　**さとり世代**
・1995年以降の生まれ　**ポストさとり世代**

たとえば、第二世代と**「団塊世代」**、第三世代と**「新人類世代」**は重なる部分が多い。

本書では、２つの区分がなるべく重なるように各世代を定義することで、一般的な世代論をベースにお笑い世代論を考えられるように配慮した。世代論は、血液型占いなどと同様に、誰もが自分がどこに属するかを考えたうえで楽しめる懐《ふところ》の深さがある。

たとえば、１９７９年生まれの私自身はお笑い世代論では第六世代、一般的な世代論では**「団塊ジュニア世代」**に分類される。

各世代ごとの特徴を考えると、たしかに自分にも当てはまると思えるようなところもあったりする。

そのように自分がどの世代に属するのかを考えながら本書を読み進めていただければ、「世代論」を自分ごととして楽しめるようになるのではないかと思う。

お笑い芸人の世代区分年表

1971 代	1970 第三世代	1961	1960 第二世代	1947	1946　1931 第一世代	お笑い世代
1971	1970 新人類世代	1961	1960　1952 シラケ世代	1951　1947 団塊世代	1946　1931 戦前・戦中世代	一般世代
	1970 岡村隆史 1971 矢部浩之 （ナインティナイン） 1970 上田晋也 1971 有田哲平 （くりぃむしちゅー） 1965 太田光 田中裕二 （爆笑問題） 1967 大竹一樹 三村マサカズ （さまぁ～ず） 1968 名倉潤 1969 堀内健 1970 原田泰造 （ネプチューン）	1961 石橋貴明 1962 木梨憲武 （とんねるず） 1963 松本人志 浜田雅功 （ダウンタウン） 1964 内村光良 1965 南原清隆 （ウッチャンナンチャン） 1961 上島竜兵 1962 寺門ジモン 1963 肥後克広 （ダチョウ倶楽部） 1965 ヒロミ	1947 ビートたけし 1950 志村けん （ザ・ドリフターズ） 1955 明石家さんま	1945 タモリ	1931 いかりや長介 （ザ・ドリフターズ） 1934 坂上二郎 1941 萩本欽一 （コント55号）	お笑い芸人

1989 第七世代	1988 第六世代 1977	1976 第四世代・第

1995 ポスト さとり世代	1994 さとり世代 1983	1982 団塊ジュニア世代

1996
石橋遼大
1997
後藤拓実
1997
都築拓紀
（四千頭身）

1991
兼近大樹
（EXIT）………（EXIT）
1986
りんたろー。

1992
せいや
1993
粗品
（霜降り明星）

1986
昴生
1988
亜生
（ミキ）

1989
岡部大
1991
秋山寛貴
（ハナコ）

1987
菊田竜大
（ハナコ）

1990
ゆりやん
レトリィバァ

1993
フワちゃん

1977
綾部祐二
1980
又吉直樹
（ピース）

1978
塙宣之
土屋伸之
（ナイツ）

1980
村本大輔
1981
中川パラダイス
（ウーマンラッシュアワー）

1977
山里亮太

1978
若林正恭
1979
春日俊彰
（オードリー）

1980
西野亮廣
梶原雄太
（キングコング）

1982
中田敦彦
1983
藤森慎吾
（オリエンタルラジオ）

1979
ノブ
1980
大悟
（千鳥）

1972
田村亮
1973
田村淳
（ロンドンブーツ1号2

1972
日村勇紀
1973
設楽統
（バナナマン）

1974
有吉弘行

1976
タカ
トシ
（タカアンドトシ）

お笑い世代論　目次

第2章 第二世代

「団塊世代」のたけし、「シラケ世代」のさんま

第3章　第三世代

第1章

第一世代

いかりや長介と欽ちゃんが「テレビ芸」を作った

お笑い第一世代前史

本書では、お笑い第一世代の代表的な芸人としていかりや長介と萩本欽一を取り上げる。

当然ながら、彼らより前の時代に芸人が存在しなかったわけではない。彼らが世に出るより前にも芸人は存在していたし、笑いの文化はあった。テレビのバラエティ番組や演芸番組もあった。

いかりやがリーダーを務めたザ・ドリフターズや萩本が第一世代だというのは、「第三世代」や「第七世代」からの逆算で便宜上そう呼ばれているに過ぎない。

そこで最初に、第一世代以前のテレビの笑いについて簡単に押さえておきたい。

日本で地上波テレビ放送が始まったのは１９５３年である。同年２月にＮＨＫが、８月に日本テレビ放送網がテレビの本放送を開始した。

日本のバラエティ番組の基礎を作ったと言われるのが、日本テレビのプロデューサーだった井《い》原《はら》高忠《たかただ》である。

１９５４年に日本テレビに入社した井原は、テレビ先進国のアメリカに渡って、テレビ局の制作現場を見て回り、最先端の番組制作のノウハウを学んできた。

当時のアメリカのテレビの演出は、ブロードウェイの演劇やミュージカルを下地としたものだった。

帰国後の１９５８年に、井原は日本初の本格ミュージカルバラエティ番組『光子《みつこ》の窓』を立ち上げた。この歌やコントで構成された草笛光子《くさぶえみつこ》の冠番組は、ショー形式の和製バラエティ番組の先駆けと言えるものだった。

その後、歌ありコントありのバラエティショーが人気を博し、60年代には『夢であいましょう』『シャボン玉ホリデー』などの番組が作られるようになった。

この時期に構成作家としてテレビ制作にも携《たずさ》わっていた作家の小林信彦《こばやしのぶひこ》は、１９６１年から１９７１年頃までを「テレビの黄金時代」と呼んでいる（小林信彦『テレビの黄金時代』文春文庫）。小林の考えでは、テレビバラエティが最も盛り上がっていた時代だからだという。

初期のテレビは映画やラジオに比べるとマイナーな存在だった。当時のテレビ業界に入ってきた血気盛んな若者たちは、この新しいメディアで精力的に番組作りに励んだ。

アメリカの映画や舞台を手本にして、未開の荒野を切り拓き、バラエティ番組の土壌を作っていった。

テレビの黄金時代には数々のスターが生まれた。中でも圧倒的な人気を誇っていたのがクレージーキャッツである。

　ジャズバンドとして活動を始めたクレージーキャッツは、音楽を使ったギャグが評判になり、『おとなの漫画』『シャボン玉ホリデー』などに出演。ヒット曲を次々に連発し、多数の映画で主演を務めた。

　小林によると、テレビの黄金時代が終わった理由の１つは、１９７０年頃からテレビ局が経営の合理化のために制作部門を切り離してプロダクションを作ったことにあるという。これによって制作現場から熱が失われた。

　小林曰《いわ》く、テレビが面白かったのは「黄金時代」の頃だけであり、その後のテレビは「トーク番組とは名ばかりの、面白くもない会話をだらだらと流す安手《やすで》の番組」ばかりで、見るに堪えないのだとか。

　だが、本書では、小林が「テレビの黄金時代」と名付けた時代以降のテレビの笑いの歴史について書いていくことにする。

　笑芸《しょうげい》の目利きである小林が見限った後も、テレビの笑いは独特の形で進化を続けてきた。

　第一世代として取り上げるのはいかりや長介と萩本欽一だ。彼らは「黄金時代」の末期にテレビの世界に出てきた。新しいメディアであるテレビに上手く適応して、「テレビ芸」というべき新たな芸を発明した。

彼らは決して生まれながらのスターではなかった。どちらかというと落ちこぼれで、出来の悪い芸人であると思われていた。

だからこそ、彼らは舞台ではなくテレビに希望を見出した。

60年代を至高の時代とする「小林史観」とは異なる、テレビ芸の新たな歴史がここから始まることになる。

第一世代は「戦前・戦中世代」

いかりや長介はザ・ドリフターズのリーダーとして活躍し、晩年は俳優業でも知られている。萩本欽一はコント55号というコンビで世に出て、その後は司会業を中心に活動して、一時はテレビの笑いの頂点に君臨していた。

同時代に活躍した彼らは、ライバルとして何かと比較されることも多いが、年齢ではいかりやのほうが10歳も上だった。彼らの共通点は、戦前または戦時中に生まれた世代であるということだ。

昭和初期の戦時下に生まれ、幼少期に終戦を迎えて価値観が混乱した時代を経験しているというのが特徴である。

戦争という空前絶後の危機的状況に直面して、本物の貧困や苦労というものを味わっているため、いかに生きるか、いかに稼ぐか、というのが彼らにとって最も重要なことだった。

彼らは、笑芸の世界で生きていくために必死で活動を続けるうちに、いつのまにかテレビの世界に流れ着いていた。

戦前・戦中世代であるいかりやと萩本は、戦争の傷跡が生々しく残る時代を生き抜き、いかにしてテレビのスターとなったのだろうか。

いかりや長介の笑いの原体験

ザ・ドリフターズは、言わずと知れた伝説的なお笑いグループである。彼らが出演していた『8時だョ！全員集合』（ＴＢＳ）は、最高視聴率50・5％を記録する超人気番組だった。

その圧倒的な実績を踏まえると、ドリフは間違いなく日本お笑い史上最高のレジェンドのうちの１組だと言える。

だが、そんな華々しい栄光と裏腹に、リーダーであるいかりや自身は、自らの芸について根深い劣等感を抱えていた。

晩年に出版した自伝『だめだこりゃ』（新潮文庫）のあとがきでも、自分のことをこれでもかというくらいへりくだって書いている。

> 私は元来、こういう種類の文章を残すほどの人間ではない。もうそろそろ古希になろうかという歳だが、いまだに四流のミュージシャン、四流のコメディアン、四流のテレビ・タレントにすぎない。卑下でも何でもなく、それ以上であったことはない。
>
> （いかりや長介『だめだこりゃ』）

いかりや長介（本名・碇矢長一）は、１９３１年11月１日、東京都墨田区に生まれた。父親の一郎は築地の魚河岸《うおがし》で「軽子」と呼ばれる魚の運搬業を営んでいた。

魚河岸での一郎の仕事は、朝は早いが昼前には仕事が終わる。そんな彼は幼いいかりやを連れて浅草六区の映画館や寄席《よせ》に足を運んだ。いかりやが笑いの世界に触れた原体験はここにあった。

戦争の旗色が悪くなった１９４４年、小学校を卒業したいかりやを連れて、一家は静岡県の富士に疎開《そかい》することになった。

父親が徴兵されてしまい、残された家族は祖母の着物を売って食費にすることで何とか命をつないだ。

それだけでは足りなかったため、雑木林を開墾《かいこん》して野菜を育てた。よそ者である一家には荒れた土地しか与えられなかった。

都会育ちで貧弱ないかりやがその土地を耕すのは骨の折れる作業だった。慢性的に栄養失調の状態が続き、いつもフラフラしていて、傷口の治りも遅かったという。

１９４５年にようやく終戦を迎えると、一家はそのまま静岡で暮らすことになった。中学を卒業したいかりやは静岡の製紙工場に就職した。

当時のいかりやの唯一の娯楽は、なけなしの小遣いをはたいて戦時中には禁止されていたアメリカ映画を見ることだった。特にアボット&コステロの喜劇映画は欠かさず見て、腹がよじれるほど笑い転げた。

アメリカの伝説的なお笑いコンビであるアボット&コステロが提供するナンセンスな笑いは、浅草の寄席で見た日本の笑いとは質が違うものだった。このときいかりやの中にアメリカ文化への憧れが生まれ、それがアメリカ音楽への関心にもつながっていった。

> ともあれ、映画館の暗闇で笑うのは、当時の私にとって至福のときだった。今おもえば、やはり私はわたしなりに戦後の日常生活が苦しく、辛かったのだとおもう。そういう日常生活を一時的であれ忘れさせ、楽にしてくれるのは、「笑い」であった。満員の映画館でアボットとコステロに笑い転げていた誰もが、敗戦国の辛い生活のなかで笑いに飢えていたのだとおもう。
>
> （『だめだこりゃ』）

戦争が終わってしばらくの間、日本国内のエンタメ業界では新しい作品を量産するような余裕はなかった。そのため、戦時中は「敵国」だったアメリカの映画やテレビ番組が輸入され、アメリカのコメディ映画、西部劇、ホームドラマなどが日本で見られるようになった。

その中で表現される進歩的な感覚や生活様式に魅了され、日本人はアメリカ文化への素直な憧れを持つようになった。これは**戦前・戦中世代**の特徴である。

この世代に属するいかりやも、戦後にアメリカ文化の洗礼を受けた。彼が音楽と笑いの道に進んだのもそのためだろう。

バンドマンとして上京

都会に生まれたいかりやは静岡での工員生活に退屈さを感じていた。気晴らしのために工場の仲間とハワイアンバンドを組んだ。

演奏は下手だったが、富士市内のキャバレーやダンスホールから声がかかるようになった。いかりやはバンドにのめり込み、工場での仕事はどんどん疎《おろそ》かになっていった。

バンドでは、一番年上だからということで対外的なやり取りを担当するバンマス（バンドマスター）を任されていた。戦中世代で、「滅《めっ》私《し》奉公《ほうこう》」の精神が身についているので集団をまとめるのに長《た》けていたのではないか、といかりや自身は振り返っている。

父親は「そんなもので食っていけるわけがない」と反対し続けていたが、いかりやは構わずバンド活動に夢中になっていた。

演奏は相変わらずお粗末だったが、富士だけでなく近郊の沼津や静岡からも出演依頼の声がかかるようになり、バンド活動はそれなりに順調だった。

そして、ついに東京に出るチャンスがめぐってきた。バンドメンバーの１人が東京で仕事があるという話を持ちかけてきたのだ。一も二もなくそれに飛びついたいかりやは、１９５９年に最初の妻となる女性を連れて上京し、新宿の安アパートに移り住んだ。

だが、残念ながら、東京で仕事があるという話はガセだった。仕事のあてもなくバンドは解散することになり、いかりやは東京で1人のバンドマンとして一から仕事を探すことになった。

「音楽の笑い」に目覚める

戦後の東京ではロカビリーブームが起こり、映画・音楽・演芸などの文化が花盛りだった。1956年には『経済白書』に書かれた「もはや戦後ではない」という言葉が流行語になっていた。

だが、いかりやが上京したのはこのブームが落ち着いた頃だった。東京文化の最盛期には間に合わなかったのだ。

のちに「自分は四流のミュージシャン、四流のコメディアン」に過ぎないと語っていたのも、流行に乗り遅れた「田舎育ちの東京人」である彼の劣等感の表れなのかもしれない。

1959年には皇太子の結婚式とパレードが行われた。時の皇太子と一般人だった正田《しょうだ》美智子《みちこ》さんとのご成婚は「ミッチー・ブーム」と呼ばれる社会現象になり、これがきっかけとなってテレビが一般家庭に普及した。

いかりやはロカビリーバンドを経て、カントリー・ウエスタンの「ジミー時田とマウンテン・プレイボーイズ」に加入した。

このグループでの活動は順調で、米軍基地やジャズ喫茶を回って演奏を披露していた。

あるとき、横田基地で進駐軍のアメリカ人を相手に演奏をしていたところ、「なぜそんなにつまらなそうな顔をして演奏しているんだ？　もっと笑顔を見せて、俺たちを楽しませてくれ」と言われた。

同じ舞台に出ていたアメリカのバンドのパフォーマンスを見ていると、客席からはいつも笑いが絶えなかった。マジシャンや腹話術師であっても、笑いを大切にしていた。

ここでいかりやは、笑いをベースにするアメリカ流のショーマンシップを初めて学んだ。

これ以降、彼は演奏のかたわらで笑いを取ることを意識するようになった。

英語が話せないいかりやがアメリカ人を笑わせるには、動きに頼るしかなかった。単純な動きのギャグで、酔っ払ったアメリカ人たちは笑い転げた。

ああ、こういうことだったのか。バンドマンだったいかりやが笑いに目覚めた瞬間だった。

「桜井輝夫とザ・ドリフターズ」に加入

その後、ジミー時田とマウンテン・プレイボーイズは笑いを求める観客によって支持されるようになり、どこへ行っても客席が満員になった。

だが、笑いの要素を取り入れることについて、メンバー間での対立が起こった。いかりやとジャイアント吉田だけは客を笑わせることにこだわっていたのだが、ほかのメンバーは音楽性を重視していた。

バンドの中の人間関係がギクシャクしてきたところで、いかりやは桜《さくら》井《い》輝《てる》夫《お》という男から自分のバンドに加入しないかと誘われた。そのバンドこそが、桜井がリーダーを務めていた「桜井輝夫とザ・ドリフターズ」である。

桜井はもっと笑いの要素を取り入れて、当時人気だったクレージーキャッツのようなバンドにしたいと考えていた。そのため、ギャグを売りにしていたいかりやに白羽《しらは》の矢が立ったのである。

いかりやもいい機会だと思い、この誘いを引き受けた。意外に思われる方もいるかもしれないが、いかりやはザ・ドリフターズの結成メンバーではなかったのだ。

その後、いかりやは強力なリーダーシップを発揮して、メンバーを叱《しっ》咤《た》激励《げきれい》しながら笑いのためのネタ作りに打ち込んだ。

いかりやが入る前のドリフは、笑いのパターンが少なかった。いつも同じようなネタを使い回していた。

新しいネタを考えたり稽古したりする手間をかけないので、メンバーとしては気楽である。だが、いかりやはいつも新しいネタをやったほうが観客の期待が高まり、動員数も増えるのではないかと考えて、メンバーにもそのように提案した。

いかりやは自分で必死にアイデアを出し、何度も繰り返し練習をしてネタを覚えさせた。それでも肝心の本番でミスをするメンバーがいれば、容赦なく怒鳴りつけた。

だが、そんな彼の厳しい方針に反発する者も多く、この時期はメンバーの出入りが激しかった。顔ぶれはコロコロ入れ替わっていて、いかりや自身も細かくは覚えていないほどだった。

いかりやが加入してから、桜井は表舞台に出る機会を減らし、リーダーというよりもオーナーに近いポジションになっていった。

メンバーの離散と新加入

いかりやの努力の甲斐あって、ドリフは業界内で徐々に評判になり、観客も増え始めた。テレビからも声がかかるようになり、『味の素ホイホイ・ミュージック・スクール』（日本テレビ）という番組にも出演した。

だが、いかりやのあまりの厳しさから、メンバーの間では反発の声が高まっていた。あるとき、メンバー4人が一気に抜けてしまうことになった。

いかりやによる必死の説得もむなしく、彼らはドリフを脱退した。残されたのは加藤茶《かとうちゃ》だけだった。

このときのことは加藤がのちに笑い話としてたびたび語っている。自分も本当は抜けたかったのだが、強面《こわもて》のいかりやに「お前はどうする?」と詰め寄られ、「残ります」と答えるしかなかったのだという。

加藤と2人きりになったいかりやは、すでに決まっているテレビやライブの仕事のために、急きょメンバーを集めることにした。

選り好みをしている余裕はなかったため、誰でもいいというつもりでつてをたどって必死に人をかき集めた。そこで新たにメンバー入りを果たしたのが、高木ブー、荒井《あらい》注《ちゅう》、仲本《なかもと》工事《こうじ》の3人だった。

このとき桜井がオーナーを辞めて、ドリフは大手芸能事務所の渡辺プロダクションに入ることになった。

当時の渡辺プロではクレージーキャッツが圧倒的な人気を得ていた。そのため、社内ではポスト・クレージーキャッツを育成しようという機運が高まっていた。そこでドリフに白羽の矢が立った。

クレージーキャッツを担当していた井澤健《いざわけん》がドリフのマネージャーになり、積極的に彼らを売り込んでいった。ドリフは映画やテレビなどを中心にして順調に仕事を増やしていった。

この頃、クレージーキャッツのハナ肇《はじめ》がドリフのメンバーに会い、「いかりや長介」「加藤茶」「高木ブー」といった芸名をつけた。

当時のいかりやは先輩であるクレージーキャッツのことを高く評価していた。彼らはプレーヤーとしてもコメディアンとしてもドリフとは比較にならないほどの圧倒的な才能を持っていた。

一方のドリフは、急場しのぎの寄せ集めメンバーで構成されていて、演奏もお笑いも半人前という意識があった。

「新ネタ主義」を掲げる

そんな彼らも、事務所の後押しもあって『大正テレビ寄席』（テレビ朝日）などの演芸番組に呼ばれるようになり、落語家や漫才師と横並びでパフォーマンスを披露する機会が増えた。

ここでいかりやは芸人と呼ばれる人たちの芸のすごさを思い知らされた。何度も舞台にかけて練りに練られた落語・漫才・コントなどの芸は、恐るべき完成度の高さを誇っていた。

だが、彼らと一緒に舞台に立っているうちに、１つ気付いたことがあった。そこに出ていたほとんどの芸人が、同じネタを繰り返し何度もやっていたのだ。そもそも舞台で見せる芸とはそういうものだった。

彼らは舞台でやっているのと同じことをテレビでもやっていた。いかりやは自分がこれまでにテレビに出演してきた経験から、そのやり方に限界があることを見抜いていた。

> テレビの消化力の強さを、テレビ局の人間も気づいていなかったとおもう。同じネタでも、違う局の番組でやれば、その局のスタッフははじめて見るネタだから、彼らにはウケるのだ。芸人は「あ、まだウケる」とおもってしまう。芸人は同じネタでいい、局も視聴率稼げるから

ありがたい、お互いに「これはおいしいぞ」とおもっていただろう。ところが、見る側からすれば、チャンネルが4でも6でも8でも10でも同じこと、「あ、また同じネタだ」となるだけだ。これは早晩飽きられるなと気づいた。

（『だめだこりゃ』）

いかりやはテレビの前にいる視聴者の心理をよく理解していた。彼らは一様に移り気で飽きっぽい。だから、テレビでは常に目新しいものを提供しなくてはいけない。

素人集団のドリフが百戦錬磨のプロの芸人たちに勝つための鍵はここにある、といかりやは確信した。

ドリフでは新ネタを作り続けると決めた。素人同然の自分たちが付け焼き刃で新しいネタを作っても、芸のクオリティではほかの芸人には及ばないかもしれない。でも、目新しさだけで視聴者の興味を引くことはできる。ドリフがテレビで生き残るにはこの方法しかない。

いかりやが「テレビ芸」に目覚めた瞬間だった。

寄席育ちのプロの芸人ではないからこそ、実力派のミュージシャンではないからこそ、彼らはいち早く覚醒することができたのだ。

5人のキャラが確立された

ドリフがポスト・クレージーキャッツと呼ばれながらも、クレージーキャッツとは違う形の笑いを確立する最初のきっかけになったのは荒井注だった。

寄せ集めたメンバーの1人だった荒井は、ピアニストを名乗りながらピアノをまともに弾くことができなかった。そんな荒井をいかりやが追い詰めたりいじめたりするようなくだりが爆発的にウケ始めた。

荒井はメンバーの中でも最年長であり、いつもふてぶてしい態度を取っているので、いじめられても残酷な感じがしない。

むしろ「なんだ馬鹿野郎」と反抗的な態度を取る。そこが面白かった。

荒井のキャラクターが定まったことで、相対するいかりやの「横暴な権力者」というキャラクターも固まった。

さらに、そんないかりやに頭が上がらない存在として加藤、仲本、高木のポジションも決まった。

5人それぞれの個性が際立ち、その個性を生かしてネタを作っていけるようになった。キャラクターさえ決まってしまえば、あとはシチュエーションや配役を変えることでさまざまなネタを作ることができる。これがドリフの笑いの原点になった。

そして、この点こそが、ドリフが新ネタを量産できた理由でもあった。

長年ドリフと仕事をしてきた放送作家の田村隆《たむらたかし》が、企画会議で次から次へとギャグのアイデアが飛び出すいかりやに驚いてその秘訣を尋ねたところ、こんな答えが返ってきたという。

「設定を思いつくと、メンバーが勝手に動くんだよ。こうした方が笑えると思うと、そう動くんだ。それ以上の動きをすることもあるし。笑っちゃうヨ」

（田村隆『「ゲバゲバ」「みごろ！たべごろ！」「全員集合」ぼくの書いた笑テレビ』双葉社）

ここからドリフの快進撃が始まった。ドリフをメインにした冠番組が始まり、映画やレコードも立て続けにヒットした。

前述の通り、60年代の「テレビの黄金時代」に構成作家を務めていた小林信彦は、『全員集合』の作家をやってくれないか」といかりやに誘われたことがあった。だが、小林はこの申し出を断った。

なぜならドリフの笑いが彼の好みではなかったからだ。今までに小林が見てきた黄金時代の芸人たちは、舞台の上でやっている芸を、テレビに出るときにはテレビ向けにあっさりさせて演じていた。

一方のドリフはそうではなく、初めからあっさりしているように感じられたのだという。芸としての笑いをずっと追いかけてきた小林にはそこが不満だったのだろう。

この逸話《いつわ》からうかがえるのは、ドリフこそがポスト黄金時代に登場した「テレビ芸」の体現者だったということだ。

確固たる芸を持ち、その芸をテレビ向けに加工するというアプローチではなく、初めからテレビそのものに全力で向き合った。それこそが画期的なことだった。

いかりや率いるドリフがテレビ芸に振り切ることができたのは、自分たちが舞台に立つ芸人としては「四流」であるという自覚を持っていたからだ。

いかりやは「芸が未熟だからテレビでは通用しない」と考えるのではなく、「芸が未熟だからこそテレビでは通用する」と考えた。

後述するように、実は同じ時代に萩本欽一も「素人いじり」というテレビ芸の新たな鉱脈を発見していた。

「素人」というのは、テレビの笑いを語るうえで外せないキーワードなのだ。

『8時だョ!全員集合』スタート

１９６９年、ドリフは運命の時を迎えた。ヒット番組を多数手がけていたＴＢＳプロデューサーの居作《いづくり》昌果《よしみ》が、いかりやを寿司屋に呼び出し、新番組の企画を持ちかけた。それは、土曜の夜８時から公開生放送で１時間番組を作るというものだった。

最初にこの話を聞かされたとき、いかりやは無謀な挑戦だと思った。理由は２つあった。

１つは、公開生放送の番組を毎週やるというのに無理があるということ。そしてもう１つは、その枠では裏番組の『コント55号の世界は笑う』（フジテレビ）が人気を博していて、勝てる気がしないということだった。

当時のコント55号は飛ぶ鳥を落とす勢いのスーパースターだった。彼らはアドリブ中心のコントを売りにしていた。事前にネタをしっかり作り込むドリフとは対照的な芸風だった。だが、居作は「だからこそ生放送なんだ」と答えた。まともにやってもコント55号に勝てるわけがない。公開生放送で勢いに乗って攻め切るしかない、と彼は考えていた。

居作の熱意に押し切られ、いかりやは覚悟を決めた。こうして、１９６９年に『８時だヨ！全員集合』が始まった。

『全員集合』はあらゆる意味で規格外の番組だった。１９６９年から１９８５年まで全８０３回放送され、最高視聴率は50・５％。毎週観客を入れて公開生放送が行われていた。

この番組の特徴は、前述の通り、いかりやのこだわりで毎週新ネタを作っていたことだ。そのための会議が毎週行われていた。

ディレクターと作家が作った台本を見て、いかりやが「うーん」となって、しばらく沈黙する。簡単にゴーサインは出ない。

書く側の感覚と演じる側の感覚は微妙に違うため、作家が書いてきたものがそのまま採用されることはほとんどない。頭の中にアイデアが浮かぶまで、いかりやは何時間でも考え続ける。

会議はいつも重苦しい空気に包まれていた。『全員集合』の華やかな舞台の裏ではそんな地獄のような光景が繰り広げられていたのだ。

いかりやには「コントは喧嘩《けんか》だ。俺たちがやっているのは演技ではなく体戯《たいぎ》だ」という持論があった。舞台上を所狭しと動き回っていれば、それがテレビ的な笑いになる。

『全員集合』では、車が飛んだり、組み立てられたセット全体がガラガラと崩れ落ちたりする大仕掛けもあった。それも視聴者を驚かせるための工夫の1つだった。

番組が始まって1～2カ月は、大きな布や板に景色や建物の絵を描いただけの「書き割り」の背景でコントを演じていた。

この時期には観客の反応も思わしくなく、視聴率も伸び悩んでいた。

そんな状況を打破するために、いかりやは美術に関して徹底的にこだわりたいと申し出た。

セットは書き割りではなく、ドラマで使われるような本格的なものにしたい。時代劇のコントをするなら、安っぽい着物や作り物の刀ではなく、本物の時代劇の現場にあるようなものを使いたい。

もちろんその分だけ金はかかることになるが、プロデューサーの居作昌果はいかりやの提案を二つ返事で受け入れた。

すると、笑いの量がどんどん増えていき、視聴率もうなぎのぼりになっていった。メンバーからも自由なアイデアがどんどん出てきて、番組は一気に面白いものになっていった。

セットや小道具にも一切手を抜かない。そのこだわりは見る人には必ず伝わるはずだといかりやは確信していたのだ。

荒井注の脱退と志村けんの加入

『全員集合』の16年の歴史の中で、事件や事故はたくさんあった。セットの一部が燃えた火災事故や、生放送が始まった途端に会場の電気が切れて真っ暗になってしまった停電事件などは特に有名だ。

ドリフにとって最大の危機は、メンバーの１人である荒井注が脱退してしまったことだ。１９７３年、荒井は体力の限界を理由にやめたいと申し出た。

荒井はマイペースな男だ。一度決めたことは意地でも曲げない。いかりやがどんなに説得しても決意は揺らがなかった。

いかりやは急きょ新しいメンバーを入れることを考えた。そこで白羽の矢が立ったのが志村けんだった。

当時、志村はメンバーの付き人をしていた。たまに脇役としてコントに出ることもあった。いかりやが志村を選んだのは、彼が笑いに対してほかのどの付き人よりも貪欲《どんよく》だったからだ。空き時間に「コンビを組んだのでネタを見てほしい」と言ってきたこともあった。

半年間の引き継ぎを経て、１９７４年に荒井が正式に脱退し、志村がメンバーに加わった。

最初、志村は視聴者に受け入れられなかった。メンバーの中でも１人だけ歳が離れていて若かった。また、経験もなかったため、視聴者はこの見慣れない若者をドリフの一員としてなかなか認めてくれなかった。

だが、転機が来た。東京都東村山市《ひがしむらやまし》出身の志村が、地元のご当地ソングを面白おかしくアレンジした「東村山音頭」のネタを披露すると、これがまさかの大ヒット。そこから志村の快進撃が始まり、いつしかドリフの中心的な存在にまで上り詰めていた。

いかりやによると、志村が加入してからドリフのコントの雰囲気が変わったという。それまでのドリフでは、前述の通り、それぞれの個性を生かしたネタをやっていた。

志村が入ってからは、若い志村がスピード感のあるネタや感覚的なギャグを取り入れることで、ギャグのオンパレードという感じになっていった。

番組末期の１９８２年頃になると、いかりやがネタ作りに疲れて、会議を降りると言い出した。そこからは志村が中心になってネタ作りを進めるようになった。このときすでにいかりやの緊張の糸は切れていた。

その後、メンバーやスタッフの間でも『全員集合』はもう十分にやりきった、という空気が蔓延してきた。そして、１９８５年９月28日についにその幕を閉じた。

いかりやから志村に受け継がれたもの

当時、いかりやと志村の間では確執《かくしつ》も噂されていた。だが、いかりやは自伝本の中で志村についてこう書いている。

音楽に関しては、二流か四流の集まりで、笑いに関しては素人の集まりでしかなかったドリフだったが、今思えば、この志村だけが、本格的なコメディアンの才能をそなえていたのかもしれない。

（『だめだこりゃ』）

素人集団に過ぎなかったドリフの中に、初めて現れた本物の芸人。いかりやは志村のことをそのように高く評価していた。不仲がささやかれていた2人だったが、いかりやは志村のことを誰よりも認めていた。

一方の志村も、ドリフの付き人になってから、長年いかりやの背中を見てコントの作り方を学んできた。

『全員集合』の終了後、同じ枠で加藤と志村の新番組『加トちゃんケンちゃんごきげんテレビ』が始まった。志村はこの番組でさらに自分の理想とする笑いを深く追求するようになった。

その後は『志村けんのだいじょうぶだぁ』『志村けんのバカ殿様』(ともにフジテレビ)など、自分の名前のついた冠番組でコントを演じ続けた。

どの番組の会議でも、志村は重苦しい雰囲気の中で知恵を振り絞ってコントを作っていた。その姿は『全員集合』時代のいかりやとそっくりだったと評する人もいた。

実際、小道具やセットに対する「本物志向」のこだわり、コントの演出や仕掛けのアイデアなど、志村がいかりやから学んだものは多い。

たとえば、コントで人が壁にぶつかる場面を撮りたいとき、どういう素材の壁を作ればいいのか。どうやってぶつかると面白く見えるのか。ドリフのメンバーは気の遠くなるような時間をかけて、こうした具体的なノウハウの１つ１つを蓄積していった。

> 壁にぶつかる時に、すごい音を出すためにトタン板を使うという工夫もした。人がぶつかるスペースの部分だけをトタン板にすると、バーンってものすごい音がする。(中略)
> 壁に顔をぶつける時の音の出し方にはコツがあって、顔が壁に当たる瞬間に、両手のひじか

ら上の部分とつま先を壁にぶつけて音を出す。顔を実際にぶつけるわけにはいかないからね。当たった時の音がすごいと、それだけで本当に壁にぶつかったように見える。

（志村けん『変なおじさん』日経ＢＰ）

便宜上、ドリフは第一世代に分類されることが多いのだが、志村は年齢や芸歴で考えると第二世代に近い存在だ。

戦前・戦中世代のいかりやがむしゃらになって取り組んだ「テレビ芸」としてのコントの伝統は、下の世代の志村へと受け継がれていったのである。

金持ちになりたくて芸人を目指す

萩本欽一は１９４１年５月７日に東京都台東区で生まれた。物心ついた時分の最初の記憶は、３歳の頃に空襲を逃れるために防空頭巾をかぶって家の外に逃げたことだった。４歳で終戦を迎えているため、10歳年上のいかりやに比べると戦争の記憶は少ない。

父親はカメラの製造・販売業を営んでおり、商売は順調だった。戦後、一家は埼玉県浦和市の家に移り住んだ。家には６つの部屋があり、住み込みのお手伝いさんもいた。萩本一家は裕福な暮らしをしていた。

しかし、徐々に商売が立ち行かなくなり、家計は苦しくなった。浦和の家を引き払って台東区に戻り、萩本が中学3年のときにはその家も売って、文京区の小さな借家《しゃくや》に移り住む。

このときにはすっかり落ちぶれていて、ご飯のおかずもまともに用意できないほどの貧しい暮らしを送ることになった。

萩本の父親は家にほとんど帰ってこなくなり、家には借金取りが連日押しかけてくるようになった。

母親は玄関で借金取りに土下座して、ひたすら謝り続けていた。そんな母親の姿を目《ま》の当たりにするのが何よりつらかった。

「貧乏って悲しいな。お金持ちになりたいな」

萩本は切実にそう思うようになった。

お金持ちになるためにはどうすればいいのか。彼の頭には3つの選択肢が浮かんだ。野球選手、映画スター、そしてヤクザ。

野球がそこまで上手くないので野球選手は無理、二枚目ではないので映画スターも無理、気が弱いのでヤクザにもなれそうにない。

そこでひらめいたことがあった。映画の中では、二枚目のスターだけでなく、脇でふざけたことをやる人たちもいた。それが堺駿《さかいしゅん》二《じ》、伴淳三郎《ばんじゅんざぶろう》、花菱《はなびし》アチャコといったコメディアンだった。

二枚目じゃなくても、コメディアンならお金持ちになれるかもしれない。コメディアンになって、うちの借金を全部返して、大きな家を建てたい。そんな夢を抱いて、萩本は芸人になることにした。

萩本がお笑いの道を選んだのは、日本が高度経済成長に入った時期にあたる。

彼が中学生だった１９５５年から高度経済成長が始まった。１９５５年から１９７３年までの日本の経済成長率は、年平均で約10%という高水準だった。白黒テレビ、洗濯機、冷蔵庫の「三種の神器」を庶民がこぞって買い求めた。

敗戦の焼け野原から出発した戦後日本は、１９６８年には西側諸国で第2位のＧＮＰを誇る経済大国になった。

高度経済成長期とは、誰もがこれからどんどん豊かになれるはずだと夢を見ることができた時代だ。

国が右肩上がりの好景気に沸き立つ中で、萩本はピュアな立身出世願望を抱いたのである。

NG連発で挫折

萩本は高校卒業後に浅草の東洋劇場で修業を始めた。掃除などの雑用をこなしながら、端《は》役《やく》で舞台に上がる日々を過ごした。

しかし、すぐに気付かされたのは、自分にはコメディアンとしての才能がまったくないということだった。

歌が下手でリズム感もない。入って3カ月で、演出家から「お前はコメディアンに向いてない」と断言された。それを聞いた萩本は劇場をやめることも考えたが、同僚に引き止められて何とか続けることにした。

そのうちチャンスがめぐってきた。主役が出られなくなった舞台で、萩本が急きょ代役を務めることになった。下働きですべての人のセリフを覚えていたからこそ、その役目を任されたのだ。

これ以降、萩本は先輩に混じって舞台に上がるようになった。百戦錬磨の腕のある先輩と共に経験を重ねることで、自然とコメディアンの技術が身についていった。劇場に入って1年が経つ頃には、一人前のコメディアンに成長していた。

萩本は22歳で劇団「浅草新喜劇」を旗揚げして、自ら座長になった。憧れの存在だった「エノケン」こと榎本健一《えのもとけんいち》が22歳で劇団を立ち上げたことを知っていたので、何とかそれに合わせた。

萩本は少しずつ名が知られるようになり、テレビから声がかかった。コメディアンとして何度か出演したが、しかし思うように結果を残せなかった。

自分の劇団では、自分より目上の人がいないので生き生きと振る舞えていたのだが、テレビの世界では萩本も無名の新人に過ぎない。軽く扱われては萎縮《いしゅく》してしまい、本来の持ち味を出せなかった。

そして、運命的な事件が起こった。期待されて起用された歌番組の公開放送で生ＣＭの仕事を任されたのだが、決まったセリフをどうしても言うことができず、19回連続でＮＧを出してしまったのだ。

現場には萩本を罵倒する声が飛び交い、彼は絶望した。自分にはテレビに出る適性がないのだと思い知らされた。

坂上二郎を誘って「コント55号」結成

萩本は一時は自殺を考えるほど精神的に追い詰められていたが、先輩芸人の小田憲司がそれを引き止めた。

そして、小田は萩本を励ますために「一緒に熱海に営業に行こう」と誘った。

熱海の温泉ホテルで、萩本は団体客を相手にワンマンショーのような形でのびのびと仕事をこなした。

たとえばこんなネタがあった。欽一が、中学の学生服で登場する。団体客の中に一組の中年夫婦がいたりしたら、いきなり夫の方に「とうちゃん！」とやるのだ。

「とうちゃん、なぜ僕らに黙って、こんな女と再婚したんだ！　かあちゃんの方がずっとキレイだったのに！」

と責める。そこで奥さんの方が欽一の背中を笑いながら叩こうものなら、

「痛い！　何て痛いんだ！　とうちゃん、こんな女とは早く別れた方がいいよ。じゃないと、体中叩かれて傷だらけにされちゃう」

と返す。そこで別れ別れになった親子、という設定を強引に作って、アドリブで二十分でも

――三十分でも押し切ってしまうのだ。

（山中伊知郎『小説・コント55号』竹書房）

アドリブ満載の観客とのやり取りで爆笑を巻き起こし、萩本は生気を取り戻した。熱海でゆっくり温泉につかりながら、新しいコントのアイデアを練った。

その中で「これはいける」と感じたコントがあった。

学者が机に両手をついて講演を行う。それに茶々を入れていた学生が、机の足の高さが不釣り合いであることに気付き、ノコギリで片方を切って長さを揃えようとする。

だが、大きく切りすぎて学者は机を持ったまま真横に倒れてしまったりする。

最後は、足がなくなった台だけの机を持った学者が駅弁屋になってしまう。

のちにコント55号の代表作と言われる「机」のコントである。

萩本は浅草に戻り、このネタを一緒に演じる相手を探していた。そんなとき、ふと彼の下宿の電話が鳴った。

出てみると、相手はコメディアンの安藤ロールだった。かつてフランス座で一緒にコントを演じたことがある仲間の１人である。

安藤はこのとき、生活苦からコメディアンを引退して地元に帰ることを考えていた。東京を引き払う前に、萩本と昔の話でもしようかと思っていたのだ。

安藤は萩本を麻雀に誘った。萩本は「いいよ」と答えて、安藤の家に向かった。そこで会話をするうちに、萩本が考えたコントの話になった。安藤がそれに飛びついて「一緒にやらせてもらえないか」と言った。萩本は、渡りに船とばかりにそれを受け入れた。芸人引退を考えていた安藤にとって、これが最後のチャンスだった。

いざ人前で演じてみると、このコントは爆発的にウケた。彼らのネタは芸人の間でも評判になり、彼らが舞台に上がると、ネタを見ようと芸人が舞台袖に集まり、楽屋が空っぽになるほどだった。

2人はこれに手応えを感じて、似たような形のネタを次々に作るようになった。

こうして彼らは「コント55号」を結成した。この頃から安藤ロールは本名の「坂上《さかがみ》二郎《じろう》」を名乗るようになった。

テレビのフレームをはみ出す衝撃

コント55号の評判はすぐに広まり、再びテレビ出演の依頼が舞い込んできた。当時人気だった演芸番組『大正テレビ寄席』である。客席に観客を入れた公開収録番組だった。

会場に行くと、舞台の真ん中にマイクが１本立っていて、舞台の床にはガムテープが２本貼られていた。

当時のテレビカメラは性能が悪く、大型で重かったため、自在に動かすことが困難だった。そのため、芸人がそのテープよりも外側に出るとカメラに映らなくなってしまう。芸人たちはそのテープで仕切られた２メートル幅の範囲内でネタを演じないといけないと言われていた。

ドタバタした派手な動きを売りにしていたコント55号にとって、この制限は耐えがたいものだった。

彼らはテレビスタッフの指示を無視して、テープの範囲外にも自由に飛び出してコントを演じた。

それは、視聴者に新鮮な驚きを与えた。テレビのフレームを無視して暴れる芸人を初めて目の当たりにしたからだ。

舞台上を駆け回り、ハイテンションでアドリブ満載のやり取りを繰り広げるコント55号の笑いは、テレビの世界に新風を吹き込んだ。

萩本と坂上は、破れかぶれのつもりで指示を無視していたのだが、それを見たスタッフは自分たちのほうが悪いと反省し、その後は舞台上のマイクの本数を増やし、カメラを動かして、彼らのコントを必死に食らいつくように撮影することにした。

コント55号の登場によって、テレビを作る側も「テレビ芸」としての笑いに目覚めた。寄席で芸人の持ちネタをそのまま撮影するだけではない、まったく新しいやり方があったことを学んだ。

『大正テレビ寄席』にはドリフも出ていた。ドリフが新ネタ中心で勝負する「テレビ芸」を発見したのとほぼ同じ時期に、コント55号はアドリブ中心の「テレビ芸」という新たな地平を開こうとしていた。

コント55号のネタは面白いだけでなく「そこで何かとんでもないことが起こっている」というドキュメンタリー性があった。それがテレビという新しいメディアの特性にぴったり合っていたのだ。

短かった全盛期

瞬く間にコント55号はスターになった。彼らの勢いは止まらず、『コント55号の世界は笑う』(フジテレビ)、『コント55号！裏番組をブッ飛ばせ!!』(日本テレビ)などの冠番組が次々に始まり、いずれも高視聴率を獲得した。

ドリフと同様、コント55号もテレビにおいて「新ネタ主義」を貫いていた。萩本は、コント55号として毎日のようにテレビに出るようになってからも「テレビでは二度と同じネタはやらない」と公言して、しばらくはそれを頑《かたく》なに守っていた。

コント55号の売りは、体を張ったドタバタ劇と、激しいアドリブの応酬《おうしゅう》にあった。萩本が坂上に無茶なことを矢継ぎ早に要求して、どんどん追い込んでいく。坂上はそれに必死で対応しながら、おかしなことをしてしまう。次に何が飛び出すかわからない、圧倒的なスピード感でテレビ芸の頂点に立った。

だが、その栄華は長くは続かなかった。コント55号が多忙を極めた全盛期はわずか３〜４年程度だった。

視聴者が彼らを見慣れて新鮮味が薄れてきたのと、坂上が俳優業に打ち込み始めたことが大きかった。２人の足並みが揃わなくなり、事実上コンビとしての活動がなくなった。

冠番組を目指して放送作家を育成

萩本はコント55号として天下を取った後、アメリカ進出を真剣に考えていた。しかし、伝説のプロデューサーと言われる井原高忠に「アメリカは呼ばれてから行くところであって、自分から行くところではない」ととめられる。井原は、萩本の日本での活動はまだまだ不十分であると考えていたのだ。

アメリカでは『エド・サリヴァン・ショー』など、人気のコメディアンは自らの名前を冠した番組を持っていた。萩本もそれを見習い、自分の冠番組を持つことを新たな目標に掲げた。

冠番組を作るために必要なことは、番組の企画を考えるブレーンを育てることだった。そこで、萩本は放送作家の育成に乗り出した。「パジャマ党」と呼ばれる放送作家集団を集めて自分の身のまわりに置き、一緒に麻雀をしたりして、関係を深めていった。

そして、彼らに少しずつ仕事を与えて、育成をしていった。

日々彼らと共にアイデアを練りながら、ラジオやテレビの世界に今度は単身で乗り込んでいった。

「視聴率１００％男」と呼ばれる

最初のヒットとなったのは、ラジオ番組の『欽ちゃんのドンといってみよう!』（ニッポン放送）だった。視聴者のハガキを読むコーナーが人気になり、テレビ番組化されて『欽ちゃんのドンとやってみよう！』（フジテレビ）になった。

　この番組の中で、萩本は視聴者から投稿されたネタを読み上げて、それに評価を下した。街角でハガキを読んで、一般人にその感想を聞いたりすることもあった。

　萩本は、一般人との絡みに天才的な才能を発揮した。街頭インタビューのようなやり取りの中で一般人をさりげなく精神的に追い詰めることで、自然な反応を引き出し、それを笑いに変えてみせた。

　『欽ドン！』は人気になり、一時は裏番組の『8時だョ！全員集合』の視聴率を上回ることもあった。こうして萩本は自分の名前の冠番組を持つという夢を叶えた。

　それだけではない。萩本は、テレビ朝日で『欽ちゃんのどこまでやるの！』、ＴＢＳで『欽ちゃんの週刊欽曜日』を始めた。それぞれピーク時には視聴率30％を超える驚異的な人気番組へと成長した。

　１週間のレギュラー番組の合計視聴率が１００％を超えることもあり、萩本は「視聴率１００％男」と呼ばれるまでになった。

　テレビに出る芸人としては空前絶後の人気ぶりだった。萩本はここで名実ともにテレビ界の頂点に立った。

「フリとコナシ」の笑い

萩本が一時代を築いた最大の武器は「素人いじり」であるとよく言われる。素人いじりの原点はコント55号のコントにある。

コント55号においては、一般的には坂上がボケで萩本がツッコミだと認識されている。だが、彼らの実際の役割は、他の芸人におけるボケ・ツッコミとは異なる。

オーソドックスな漫才では、ボケが常識に反することやおかしなことを言って、ツッコミがそれを訂正したりたしなめたりする。

だが、彼らのコントでは、坂上は決してボケてはいない。萩本に言われたことに忠実に従おうとするだけだ。

ただ、萩本の命令があまりに理不尽であるために、それに上手く対処できなかったりする。それが結果的に笑いを引き起こす。

この関係性のことを、萩本は「ボケとツッコミ」ではなく「フリとコナシ」と呼んでいる。萩本がネタを振り、それをこなすのが坂上の役割だ。この関係性から笑いが生まれる。

なぜ言われた通りにするだけで笑いが生まれるのかというと、萩本が次々に注文をつけることで、坂上があたふたして予想外のリアクションをするからだ。

つまり、ここでは一般的なボケ・ツッコミとは逆に、ネタを振っている萩本のほうが理不尽で非常識なのである。坂上はそれに付き従っているだけの常識人だ。

常識で非常識を訂正するのではなく、非常識で常識を追い詰めるところが新しかった。

加えて、彼らには華麗な身のこなしがあった。年齢を重ねて動きに制限が出てくるようになると、萩本は体を派手に動かして笑いを取ることが減り、フリとコナシという関係性から笑いを生むことだけに集中するようになった。

「テレビに芸は要らない」

修業時代の萩本は、浅草で面白いと評判だった芸人が次々にテレビに出ては討ち死にして、意気消沈して帰ってくるところを見てきた。彼自身も最初はそうだった。

テレビにはテレビ向きの芸が必要だった。浅草でやっていることをそのままやるだけでは通用しなかったのだ。

その後、コント55号としてテレビで人気者になった彼は、自分たちのコントがテレビ向きの芸であることに気付いた。

コント55号のコントでは、速いテンポでフリとコナシの掛け合いが行われる。坂上の反応次第で萩本が次に何を言うかも変わるので、アドリブの要素が大きい。

次に何が飛び出すかわからない、その場で生まれる笑いというのは、ドキュメンタリー性が求められるテレビの特性に合ったものだった。だからこそコント55号は時代の寵児となったのだ。

その後、萩本はコント55号における坂上の役割を一般人に置き換える形で「素人いじり」を発明した。

萩本が素人の面白さに気付いたのは、フジテレビの『オールスター家族対抗歌合戦』で司会を務めたときだった。有名人が家族を連れて登場して、萩本とトークを繰り広げたのち、歌を歌うという内容だった。

ここで萩本は、一般人が何気なく口にする言葉の面白さに目覚めた。

たとえば、山形から出てきた老人が挨拶として「こうしてＮＨＫに出られて、私、生涯の幸せです」と言った。テレビと言えばＮＨＫだと思いこんでいた老人は、その後も「ＮＨＫ」と連呼していた。

こういう一般人の面白さというのは、プロが計算して生み出せるようなものではない。テレビではプロの芸人の芸よりも、この手の自然発生的な笑いのほうがウケやすい。

萩本はそのときのことを高田文夫《たかだふみお》との対談で以下のように述べている。

> なんだ、誰もテレビですばらしい芸を見ようと思ってないんだって気がついた。
> 極端な話、テレビには芸は要らない。芸はテレビで披露してはいけない。芸は舞台でやるものだという結論に達したの。
>
> （高田文夫対談集『笑うふたり　語る名人、聞く達人』中公文庫）

この結論にいたった萩本は、テレビ芸としての素人いじりをより積極的に、より洗練された形で行うようになった。

萩本自身がマイク片手に街角に出て、一般人に話しかけるという『欽ドン！』での素人いじりは、実に巧みに計算されたものだ。

わざと返答に困るような質問をしたり、間違った指示を与えて混乱させたり、あの手この手で素人を素材にした笑いを生んでいった。

その後、萩本は素人いじりをさらに進化させて、共演するタレントをいじるという手法を編み出す。

『欽ドン！』『欽どこ』『週刊欽曜日』などに出ていたレギュラー出演者は「欽ちゃんファミリー」と呼ばれ、萩本が話を振ることで面白さを引き出される役割を担っていた。

そこで重宝されたのは、斎藤清六《さいとうせいろく》、前川清《まえかわきよし》、見栄晴《みえはる》のように作為のない自然な振る舞いをするタイプのタレントだった。

萩本は、素人いじりの対象を「素人のようなプロ」にまで拡大させることで国民的な人気を獲得して、テレビの王様として君臨するようになった。

時代遅れに見えてしまった理由

萩本が、並み居る芸人たちを出し抜いてテレビの世界で圧倒的な成功を収めたのは、早い段階で「テレビに芸は要らない」と割り切ったからだ。

完成された芸は舞台で見せるものであり、テレビでは未完成のものを素材にする素人いじりこそが有効だと考えたのだ。

たしかに、それは現在まで続くテレビ芸の1つの源流となった。だが、80年代に入ってから、萩本の素人いじり自体が次第に古臭いものだと思われるようになってしまう。

その最大の理由は、次世代のカリスマ芸人としてビートたけしが出てきたことだろう。たけしは世の中の矛盾をあげつらって笑うような過激な毒舌漫才を売りにしていた。たけしの登場によって、一般人のミスやとぼけた発言を笑いにする萩本の手法は、ともすると牧歌的で退屈なものに見えてしまうようになった。

80年代の前半から中盤にかけて、萩本とたけしはテレビお笑い界の両巨頭として君臨していた。１９８４年出版のビートたけしの著書『たけし吼《ほ》える！』（飛鳥新社）では、いま視聴率を取れるタレントは自分と萩本以外にいないと書かれている。

だが、２人が作っていた笑いの方向性はまったく正反対のものだった。同書でたけしは萩本の番組の視聴者のことを辛辣《しんらつ》に批判していた。

> でも萩本さんの視聴率三〇パーセントっていうのは「癖の三〇」ってもんだ。
> つまり、見てないんだ、半分しか。欽どんとか欽どこだとか、その時間っていうと、テレビはもうとっくにスイッチが入っててね、ほかに見るものやってないから、ただテレビがついてるって状態なの。で、欽どこやってる。ボーッとみんな見てるんだけど、実は見ていない。こ

れが「癖の三〇」の正体。

（『たけし吼える！』）

この時期には萩本もたけしも同じように高視聴率の人気番組を多数手がけていたのだが、笑いの「覇権」はすでに移り変わっていた、というのがたけしの見立てだ。

萩本は、独力でテレビの頂点に上り詰めて圧倒的な成功を収めてしまったため、そこから落ちていくときの勢いもすさまじいものだった。

萩本の後に出てきたたけし、さんま、ダウンタウンなどはいまだに現役のテレビスターであり続けている。

だが、萩本は、80年代前半に人気のピークを迎えた後、あっという間に凋落《ちょうらく》していき、その笑いが古臭いものだと思われるようになった。

たけしの登場以降、バラエティ番組では芸人同士が当意即妙のやり取りをしたり、本音をぶつけ合ったりするのが当たり前になった。

芸人のフリートークやいじりの技術レベルはどんどん上がり、洗練されたものになっていった。テレビの笑いは、萩本がコントロールできる範囲を超えて別方向に進化を遂げていたのだ。

第一世代がテレビの笑いを作った

第一世代のいかりやと萩本は、それぞれのアプローチでテレビという新しいメディアに適応した「テレビ芸」を生み出した。

いかりやは、新しいネタを次々に供給し続けることによって、萩本は素人いじりによって一時代を築いた。

彼らに共通するのは、もともとはテレビにそれほど憧れを持っていなかったということだ。彼らは舞台に立って芸をする人間になりたくて業界に飛び込んできた。その先にたまたまテレビがあっただけだ。

彼らはテレビに対して複雑な感情を持っている。たとえば、第二世代の明石家さんまなどは、もっと純粋にテレビに憧れているのだが、第一世代は子供の頃にテレビを見て育っているわけではないため、そこまでの思い入れがない。

テレビは「仕方なく適応していくもの」であり、憧れの対象ではなかった。

第一世代以前にも芸人は存在していたが、彼らの多くは、舞台で見せる芸をテレビの演芸番組でも基本的には同じようにやっていた。

また、テレビのバラエティ番組の多くが、ショー形式の大がかりなものだった。その頃はまだテレビが舞台に近かった。

そんな「テレビの黄金時代」を終わらせて、新しい形のテレビ芸を作ったのがいかりやと萩本である。

第一世代は、新しい時代のテレビの笑いをゼロから作った世代である。彼らが作ったものは、現在までテレビの笑いの基本としてさまざまな形で応用され、受け継がれている。

第2章

第二世代

「団塊世代」のたけし、「シラケ世代」のさんま

団塊世代の競争意識の強さ

第一世代のいかりや長介や萩本欽一にとって、戦争は切実な問題だった。自分たちが戦前・戦時中に生まれて、生きるか死ぬかの体験をしてきたからだ。

一方、第二世代にあたる芸人のほとんどは戦後生まれである。終戦によって人々の生活や価値観は大きく変わり、世代間の断絶も生じた。

その意味で、第一世代と第二世代の芸人の間にも、根本的な感覚の違いが存在する。

『世代論の教科書』によると、１９４７〜１９５１年生まれは**「団塊世代」**、１９５２〜１９６０年生まれは**「ポパイ・JJ世代」**と定義されている。

同書では「ポパイ・JJ世代」は「ポスト団塊世代」「シラケ世代」とも呼ばれると書かれているため、本書ではより一般的な用語である**「シラケ世代」**という呼称を用いることにしたい。

お笑い第二世代はこの２つの世代にまたがっている。１９４７年生まれのビートたけしは団塊世代、１９５５年生まれの明石家さんまはシラケ世代に属する。

「団塊世代」という言葉が生まれたきっかけは、通商産業省の官僚だった堺屋《さかいや》太一《たいち》が１９７６年に出版した近未来予測小説『団塊の世代』（講談社）に由来している。

ちなみに、「団塊世代」と「団塊の世代」という2つの用語が存在するが、本書では『世代論の教科書』に準じて**「団塊世代」**で統一することにする。

『世代論の教科書』では、団塊世代の特徴として「同世代の数が多いので、競争意識が強い」「『封建性』と『革新性』が共存している」「『公私の逆転』が起こり、『私生活』を確立」「『戦争の呪縛』から解放された最初の世代」の４つが挙げられている。

１９４５年に終戦を迎えると、戦地から若い兵隊が復員してきて、続々と就職や結婚をした。その結果、子供がたくさん生まれ、第一次ベビーブームが起こった。そこで誕生したのが団塊世代である。

この世代は、日本の歴史上で最も人数の多い世代である。この「人数の多さ」こそが団塊世代の最大の特徴である。

小中学校は常にすし詰め状態で、１クラスに50人以上の生徒がいることも普通だった。そのため、勉強でも何でも競争が激しく、他人を蹴落とさなければ自分が生き残ることができないという意識が強かった。

また、団塊世代は戦後生まれであり、新しい価値観のもとで生きているのだが、親の世代は戦前の封建的な社会で育ってきているため、古い価値観と新しい価値観の間で引き裂かれているようなところがあった。

ビートたけしは、こういった特徴を体現している団塊世代の代表的な芸人である。

『傘がない』に象徴的なシラケ世代

一方、１９５５年生まれの明石家さんまは、**シラケ世代**を代表する芸人である。

『世代論の教科書』によると、シラケ世代の特徴は「『人生はエンジョイするもの』という考え」「『自分は自分、他人は他人』という価値観」の２つに尽きるとされる。

シラケ世代の思想を体現している例としてしばしば引き合いに出されるのは、井上陽水《いのうえようすい》の『傘がない』という歌である。歌詞に出てくる主人公は、「都会では自殺する若者が増えている」といった社会的な問題よりも、いま雨が降っているのに自分が傘を持っていないことを気にしている。

ニュースとして報じられるような出来事に関心を持たず、自分の目の前のことだけを重視するこの姿勢こそが、シラケ世代の特徴である。

それまでのフォークソングは反戦などの社会的なメッセージを発するものが主流だったのだが、井上陽水の時代から、若者の等身大の日常を描くような「四畳半フォーク」が流行するようになった。

そのような音楽を好んでいたシラケ世代は、無気力・無関心・無責任の「三無主義」などと言われることもあった。

団塊世代が大学生だった頃には、学生運動が盛んだった。大学に行く若者は運動に参加することが当たり前であり、政治的主張を持たない人は「ノンポリ」として軽蔑されていた。

だが、シラケ世代の若者は、社会よりも個人の生活のほうが大事だと考える。彼らは目の前の日常を心から楽しみ、集団行動にこだわらず、個人の趣味を追求した。

日本が豊かになっていくことで若者向けの消費文化が花開き、社会に縛られない個人の時代が到来したのである。

団塊世代のビートたけしとシラケ世代の明石家さんま。２人のこれまでの歩みを振り返りながら、第二世代の特徴について考えていくことにする。

母のすすめで大学に進学

ビートたけし（本名・北野武）は１９４７年１月18日に東京都足立区で生まれた。歳の離れた２人の兄、１人の姉に続いて生まれた末っ子だった（実際には早くに亡くなった兄がもう

１人いる)。

父親は帽子屋、漆《うるし》職人を経て、たけしが生まれた頃にはペンキ屋を営んでいたが、金にはだらしがなく、酒を飲んで家で暴れることも多かった。

父親の稼ぎが少ないために家計は苦しく、母親が内職などで必死に働くことで何とか生活をしていた。

たけし自身も、自分の家が貧しかったことをたびたび話のネタにしている。

だが、ここで引っかかるのは、貧しいはずの北野家から大学に進学した子供がたけしを含めて３人もいることだ。

長男の重一《しげかず》は千葉大学、次男の大《まさる》は明治大学を卒業し、三男のたけしも同じく明治大学に進学している。

戦後、大学進学率が徐々に上がっていたとはいえ、まだまだ大卒者は少ない時代だった。特に、足立区のたけしが住んでいた地域では、大学に進学するような人はほとんどいなかったという。

そんな中で、３人の子供を大学に送り込んだ北野家は本当に貧しかったのか、という疑念が出てくる。本当に貧しかったのだとしたら、学費がかかる大学に進むという選択肢すら考えられなかったのではないか。

実際、一世代前のいかりやや萩本は、大学に進もうなどとは考えてもいなかったように見える。本人に進学する意志がないし、そもそも家庭にそんな経済的余裕がなさそうだ。

その謎を解く鍵は、たけしの母親の強烈な学歴信仰にある。彼女は当時としては珍しいほど教育熱心な親だった。というのも、彼女自身が学歴がないために苦労してきた人を痛いほど見てきたからだ。

> 「おまえね、人の目なんか気にすんな。気にしないで、とにかく勉強しろ。勉強して勉強して、貧乏から脱け出すんだ。とにかく勉強しろ。親が死んだって石にかじりついてでも、学校卒業しろ。学校卒業すりゃ、どんな仕事でも好きに選べるんだ」
>
> 口を酸っぱくしていったもんですよ。今考えると、私は教育の鬼だったかもしれないねぇ。なにがなんでも勉強しろって毎日のようにいってた。貧乏人の悪循環を断ち切るには教育しかないって思い込んでいたから。
>
> （北野さき『ここに母あり　北野さき一代記』角川文庫）

貧乏な家の子供は貧乏だから、大学に行くことができず、低収入の仕事にしか就《つ》けない。

貧困の連鎖《れんさ》を断ち切るには、子供に大学に行かせて、まともな職業に就かせるしかない。

そのように考えて、彼女は子供たちを必死に教育した。「勉強しろ」と言うだけではなく、学費を稼ぐためにひたすら働き続けた。

また、文学や哲学といった金にならない学問ではなく、仕事につながる理系の実学を学ばせることにこだわった。

実際、次男の大は国立の千葉大学文理学部英文科にも合格していたのだが、母親のすすめで明治大学工学部に進学した。たけしが明治大学の工学部に進んだのも、母親が熱心にすすめたからだ。

たけしと歳の離れた長男は、大学を出てすぐに働いて、一家を支えていた。そのおかげもあって、たけしは大学まで進むことができた。

大学をサボって新宿に入り浸る

母親の期待を一身に背負って進学したたけしだったが、大学では授業が退屈で、友達もできず、早々にやる気を失っていた。

電車での通学途中にあった新宿で下車して、そこに入り浸るようになった。

たけしは大学にまったく行かなくなり、新宿の喫茶店でボーイとして働き始めた。

その頃の新宿には、たけしのように大学をサボったり中退したりして、就職もせずにブラブラしている若者が大勢たむろしていた。

作家や芸術家を志望して文学や哲学にかぶれている人や、ヒッピーのような人もいた。たけしが新宿に入り浸った60年代は、若者文化の始まりの時代だった。学生運動や反戦運動が世界的に盛んになり、ロックンロール、コカ・コーラ、ジーンズなどのアメリカ文化がどんどん流入してきて、思想的にも物質的にも若者特有の文化がこの時代に初めて生まれた。

団塊世代の例に漏れず、たけしもその洗礼を受けていた。

たけしはバイトで貯めた金でアパートを借りて住むようになり、実家にもまったく寄り付かなくなった。

母親の言う通りに大学まで進んだたけしにとって、初めてのドロップアウトの体験だった。

何の目的もなく新宿をブラブラして、さまざまなアルバイトをして日銭を稼いだ。そんな荒《すさ》んだ生活は5年ほど続いた。

浅草のフランス座でエレベーターボーイに

たけしは初めから芸人を目指していたわけではなかった。何もやることがなく、将来への展望もなかった時代に、たまたま浅草に流れ着いたのである。

この頃には浅草はすでに時代遅れの場所になっていた。60年代にはテレビの普及に伴って浅草に立ち並んでいた映画館は軒並み閉館し、70年代に入ると若者文化の中心地は渋谷・新宿・池袋といった東京の西側に移っていた。

たけしが浅草を訪れるようになった１９７２年には、そこは人通りも少なく寂れた場所になっていたのだ。

当時のたけしは新宿を拠点に退廃的な生活を送りながらも、何か定職を見つけないといけないという思いがあった。そんなときに浅草のフランス座の前を通りかかって「ここがコント55号も出ていた劇場か」と思った。フランス座はストリップ劇場だったが、幕間《まくあい》にコントも演じられていた。

そのときにふと、役者になることを思い立ち、そこで修業をしてみることにした。周囲に芝居をやっている人も多かったため、何となく役者でもやろうかと考えただけで、深い意味はなかった。

ふらっと入って「ここで働きたい」と頼み込むと、エレベーターボーイの仕事を任されることになった。このフランス座でたけしは深見《ふかみ》千三郎《せんざぶろう》という芸人に出会う。当時の深見は芸人として舞台に立つ一方、フランス座の経営者でもあった。

深見はたけしを弟子としてかわいがり、厳しく指導をした。同じ舞台に立たせて、たけしに笑いの手ほどきをしていった。その過程でたけしにも徐々に芸人としての自覚が芽生えていった。

ビートきよしと「ツービート」結成

修業の日々の中で、たけしは歌手志望の兼子《かねこ》二郎《にろう》という男と知り合った。兼子は「一緒に漫才をやらないか？」とたけしを誘った。

たけし自身も、フランス座以外の場所で何かをやってみたいという気持ちもあったため、兼子の誘いに乗った。

兼子二郎ことビートきよしとの漫才コンビ「ツービート」はこうして誕生した。

初めはきよしがネタを作っていたのだが、それが箸にも棒にもかからないものだったため、やむなくたけしがネタを書くようになった。

人生を捨てるつもりで浅草に流れ着いたたけしは、ここで今までの鬱憤《うつぷん》を晴らすように過激なネタを演じ始めた。

「気をつけようブスが痴漢を待っている」といった容姿差別ネタ。「コイツの親父は山形で初めて二本足で立って歩いた人ですから」という田舎者差別ネタ。「赤信号みんなで渡れば怖くない」という交通標語のパロディネタ。

「この間、道路に犬のウンコが落っこちていてね。近寄ってみたらウンコ、指で突いてみたらウンコ、舐めてみたら完全にウンコなんですよ。良かったですよ、踏まなくて」という強烈な下ネタ。

世の中で「言ってはいけない」とされているルールを踏み越えて笑いを取るその芸風は、「毒ガス漫才」と呼ばれた。

ツービートの漫才は口コミでじわじわと評判を呼んだ。ツービートが漫才を演じるときには、楽屋にいる芸人たちも客席に回ってネタを見るようになった。

しかし、その過激すぎる毒舌芸は制約の多いテレビの世界では通用しないと思われていた。

漫才ブームで売れっ子に

だが、時代が動いた。１９８０年、突如として「漫才ブーム」が起こったのだ。フジテレビの『ＴＨＥ　ＭＡＮＺＡＩ』という番組で東西の若手漫才師が集まり、よりすぐりの傑作漫才を披露した。この番組が高視聴率を記録して、大きな話題になった。

関西以外の地域では高齢者向けの古臭い芸だと思われていた漫才は、一気に若者向けのメジャーなものに生まれ変わった。

漫才ブームの中心にいたのは、Ｂ＆Ｂ、ザ・ぼんち、西川のりお・上方《かみがた》よしおなどの関西勢である。東京勢はツービートが孤軍奮闘しているような状態だった。軽妙な関西弁の漫才が瞬く間に日本中を席巻《せっけん》していった。

上方漫才のすさまじい勢いに対抗するために、たけしは一計を案じた。漫才の言葉を変えて、昔ながらの「江戸っ子口調」を取り入れることにしたのだ。

「テメエ、この野郎」「冗談じゃねえよ、バカ野郎」というような、乱暴で威勢がいいあの「たけし節」はそうやって作り出されたものだ。

従来の東京の漫才では、「僕」「君」などという上品な言葉遣いをするのが一般的だった。たけしのようにキレのいい江戸前の言葉を用いるのはそれだけで斬新なことだった。

たけしの江戸っ子口調は師匠の深見に影響を受けている。深見を知っている人に言わせると、今のたけしの話し方は本当に深見そっくりなのだという。

それまでのテレビでは見たこともないような猛毒の嵐で、しゃべりのスピードも聞き取れないほど速い。前代未聞の毒ガス漫才は世間に衝撃を与えた。

漫才ブームはたけしの人生を一変させた。毎月の給料は天井知らずで倍々ゲームのように増えていった。

おいらの給料は、二人足して十六万だったね。それが三十万の時に漫才ブームの匂いがして来た。仕事場で忙しいぞって文句言ったら、百万円くれたのね。それで相棒は金にはうるさいから、おれに「やめると言おうよ。百万じゃ駄目だって言ってみよう」って。それで三百万。「もうちょっと言ってみよう」って、七百万、八百万、千六百万。三十万から千六百万まで半年かからなかった。

（北野武編『コマネチ！ ビートたけし全記録』新潮文庫）

しかし、その渦中にあってたけしは冷静だった。「これは一過性のブームであり、長く続くものではない」と考えていた。

ヒット番組を連発

そんな彼が１９８１年に始めたのが『ビートたけしのオールナイトニッポン』（ニッポン放送）である。放送作家の高田文夫を聞き手として、２時間ぶっ通しでしゃべり倒した伝説のラジオ番組だ。女遊びをした体験をそのまま話したり、村田英雄《むらたひでお》やガッツ石松などの有名人をネタにしていじり倒したり、好き放題の暴走トークを繰り広げた。

この番組こそが、当時のたけしが芸人として最も持ち味を発揮できるベースキャンプのような役割を果たした。ここを拠点にたけしはテレビの世界でも暴れ始める。

『オレたちひょうきん族』（フジテレビ）では、共演者である明石家さんまの才能をいち早く見抜いた。体を張るような芸やトークの瞬発力でさんまの右に出る者はいない。

たけしはタケちゃんマンとしてさんまが演じるブラックデビルなどの敵キャラクターと戦うコントを演じながらも、その企画を考える仕事に力を入れていた。演じる側としてはあまり前に出ず、ブレーンのような立場で番組に携わるようにした。

——それまでのテレビっていうのは、ディレクター対演者の関係であって、一方的に演者がディレクターに言われたとおりやってた時代があるんだけど、『ひょうきん族』はそうじゃなくて、演者がもう演出のほうにかんでいっちゃったり、ディレクターがタレントのとこに下がってきちゃったりなんかして、グループになったよね。それで当たった最初の番組だったよね。

（北野武『余生』ソフトバンク文庫）

『ひょうきん族』は、演者とディレクターが対等の関係で作られた初めての番組だった。その後、視聴率を取れる人気と実力を備えたタレントの発言力はますます強くなり、タレント主導で作られる番組が増えていった。たけしやさんまはそのような番組作りの先駆者となった。

実際にその後、たけしのアイデアを具現化したような番組が次々に生まれた。『風雲！たけし城』（TBS）は、子供の頃の泥んこ遊びを大人が本気でやったら面白いんじゃないか、という発想から生まれたものだ。

『ビートたけしのスポーツ大将』（テレビ朝日）は、プライベートでも草野球をやっていたたけしが、趣味のスポーツをそのまま番組にしてしまったものだ。

番組が始まると、本物の野球中継を凌《しの》ぐほどの高視聴率を獲得してしまった。これは芸能人がスポーツに挑戦する番組の先駆けになった。

『天才・たけしの元気が出るテレビ!!』（日本テレビ）では、バズーカを発射する音で寝ている芸能人を叩き起こす「早朝バズーカ」、失恋した女性たちを集めて勇気づける「失恋傷心バスツアー」など、バカバカしさと驚きに満ちた企画を次々に実現していった。

80年代中盤のたけしは、各局のゴールデンタイムに高視聴率の冠番組を抱えて、時代の寵児となっていた。

「フライデー事件」「バイク事故」からの復活

だが、そんな人気絶頂期の１９８６年、たけしはとんでもない事件を起こした。

写真週刊誌『フライデー』の記者が強引な取材で当時たけしと交際中だった女性に怪我を負わせたことに激怒し、たけし軍団のメンバー11人を引き連れて、講談社のフライデー編集部を襲撃したのだ。

たけしには傷害罪で懲役６カ月、執行猶予２年の判決が下され、約半年にわたって芸能活動を休止することになった。

復帰後のたけしは、教育クイズ番組の『平成教育委員会』（フジテレビ）、政治討論バラエティの『ビートたけしのTVタックル』（テレビ朝日）などの教養路線のバラエティ番組を次々にヒットさせて、それまでとは違った一面を見せた。

また、1989年公開の『その男、凶暴につき』で映画監督デビューを果たすと、本格的に映画製作にのめり込んでいった。

しかし、興行的には鳴かず飛ばずの状態が続き、たけしは密かに苛立ちをつのらせていた。

また、90年代に入ると、とんねるず、ウッチャンナンチャン、ダウンタウンなど下の世代の芸人がテレビの世界で台頭してくるようになり、彼らの時代が始まりつつあった。

そんな中でたけしは再びトラブルに見舞われた。1994年、東京都新宿区の路上でバイク事故を起こしたのだ。事故のときの記憶はほとんどなく、自殺のようなものだったのではないかとたけしはのちに振り返っている。

頭蓋骨や頬骨を骨折して、一時は顔面がグチャグチャになるほどの大事故だった。これは間違いなく芸能生命の危機だった。

だが、ここからたけしは再び復活した。復帰後も精力的に活動を続け、1997年には映画『HANA-BI』でヴェネツィア国際映画祭金獅子賞を受賞した。

世界的な評価を得たことで、国内でも彼の作品が注目されるようになり、その後は話題作を数多く手がけるようになった。

たけしは「批評の天才」である

たけしの笑いの根底にあるのは、世の中の欺瞞《ぎまん》的なこと全般に対する感性の鋭さである。

たけしは何よりもまず「批評の天才」だった。

あらゆる事物の本質を瞬時に見抜き、偽物のメッキをはがそうとする。偽善的なもの、インチキなもの、愚鈍《ぐどん》なものの臭いをかぎ取る嗅覚が誰よりも優れていた。

たけしと言えば「毒舌」というイメージがあるが、彼が言っていたことの多くは無理矢理ひねり出された悪口ではなく、対象物への本質的な批判を含んでいた。

だからこそ、それを聞いた人は「一理ある」と感じながら、笑うしかない状況に追い込まれたのだ。

「10人中９人が認めるような事実があるときに、その意見に乗って面白いことを言うのは誰にでもできる。そこであえて反対のことを言ってウケるかどうかが勝負なんだ」

ラサール石井はかつて、たけしからそのような話を聞いたことがあるという。たけしが常識に反するような主張をするときには、決して奇をてらっているわけではなく、10人中９人が気付いていなかったような本質的な指摘をしているのだ。

　こうしたたけしの批評的な感性は、人を笑わせること以外にも応用できるものだ。たとえば、たけしの作る映画にはこの感覚が生かされている。

　もともと彼は、映画やドラマによくある不自然な演出を指摘するネタをよくやっていた。「なぜ刑事ドラマで犯人を追い詰めるときはいつも崖の上なんだ？」「なぜ犯人が車で逃げているときに、車の走り去った後の道路に沿って銃を撃つんだ？」といったものだ。

　そういう視点を持っていたからこそ、自分が映画を作るときには、常識に縛られず、斬新な撮り方をすることができた。

　たけしの映画では、拍子抜けするほど簡単に人が次々に死んでいく。死ぬ間際に感動的な捨てぜりふを残したりはしない。

　また、喧嘩などの暴力シーンでも、大抵は一瞬でかたがつく。延々と殴り合ったりすることはほとんどない。現実の暴力が振るわれる場面では、そのような悠長なやり取りが行われることはないからだ。

　また、たけしは数多くの著書を出している。その大半は語りおろしのエッセイである。

　私は中学生の頃、父親が買って家に置いていたたけしの著書『みんな自分がわからない』

（新潮社）を何気なく読んで、頭を強く殴られたような衝撃を受けた。

芸人としてのたけしは知っていたのだが、文章で彼の主張を読むと、その批評的な感覚の鋭さがダイレクトに伝わってきた。

その後、たけしの著書を収集するようになったのだが、その中でも若い頃に書かれた初期のエッセイ本には傑作が多いと感じる。

血気盛んな時代の彼が、マスコミ、評論家、芸能人、政治家など、なりふり構わず四方八方手当たり次第に噛みつき、すべての化けの皮をはがしていくのが痛快この上ない。

『ビートたけしのオールナイトニッポン』をリアルタイムで聴くことができなかった世代のたけしファンとしては、活字を通して昔の彼の雰囲気を感じるのである。

自分自身にも批評の目が向けられる

たけしは、文化人や評論家が訳知り顔で笑いについて批評したりすることを嫌っていて、エッセイなどでも一貫して厳しい批判の対象としていた。

たけしの主張を端的に言うと、「素人に何がわかる」ということだ。素人のくせにプロの芸に対して上から目線であれこれ言うのが気に入らない、という素朴でまっとうな感覚があった。

ほぼ同時期に世に出てきたたけしとタモリの最大の違いがこの点だ。

タモリは、赤塚不二夫、山下洋輔、筒井康隆といった当時の文化人に認められたことがきっかけでテレビの世界に入った。

たけしもそうした文化人の集まりに何回か呼ばれたことはあったのだが、意識的に距離を置いていた。

文化人のサロンから出てきたタモリと、そういうものを毛嫌いしていたたけしは、その出自から似て非なる存在なのだ。

たけしが批評されることを好まないもう1つの理由は、本人が自分自身に対して誰よりも批評的だからではないかと思う。

たけしは、あらゆる物事をクールな目線で見て、その構造を解体してしまう。そんな彼の批評的目線は自分自身にも向けられる。

たけしが語るたけし論が一番面白いし、的を射ている。実に評論家泣かせの芸人なのだ。

だから、たけしはどんなに成功を収めても、決して浮かれる様子がない。常に自分自身をさめた目線で眺めているもう1人の自分がいる。

漫才ブームの頃、同世代の漫才師たちは空前の人気ぶりに浮き足立っていた。

だが、たけしだけは「こんなブームはすぐに終わる」と達観していた。ブームの終わりを見越していなかったほかの芸人たちは、やがてテレビの最前線からは消えていった。

さらに、たけしは自分がどうしようもなく精神的に追い込まれたときには、平然と自分自身をも壊そうとする。

「フライデー事件」と「バイク事故」の二度の危機的状況において、たけしはそれまで積み上げたものを惜しみなく打ち壊し、また元通りに積み上げてきた。

「何をしでかすかわからない」という危険な香りを漂わせているたけしは、「次に何をしてくれるんだろう」という人々の期待を一身に背負っている存在でもあるのだ。

人一倍強かった「本物」への憧れ

たけしは、卓越した批評精神によって、世の中のあらゆる欺瞞を暴いて笑い倒してみせたところが革新的だった。「王様は裸だ」という言葉をさまざまな権威に投げつけてきた。

しかし、一方では、まごうことなき本物に対する憧れや畏敬《いけい》の念も人一倍持っている。

たとえば、芸人は芸を持っていなくてはいけないということにこだわり続けて、自分が浅草を離れて芸の道から逃げてしまったことに後ろめたさを感じていた。たけしの師匠である深見千三郎は、芸人ならば歌や踊りなど何でも一通りできなくてはいけないと考えていた。

だが、たけしは漫才コンビを組み、師匠のいる浅草から逃げて、漫才師としてテレビの世界で華々しい形で売れてしまった。

根っからの寄席芸人である深見にとって、漫才は格下の芸であるという意識があった。だからこそ、たけしは師匠に背いて自分が漫才師として成功してしまったことに負い目を感じていたのである。

俺、あんまり芸がねえなあっていう感じがあるから。やっぱり深見師匠の芸の広さってすごかったもん。アコーディオンもギターも弾けば、タップも踊るし、日舞までできんだから。それは師匠がドサ回りでやってたからだと思うんだけど、おいら、そういう機会が一回もなくて芸人になっちゃったんで。芸人でございますって言うのが、すごい……やましい気がするよね。

（北野武『時効』ソフトバンク文庫）

たけしが漫才ブームを経てテレビの世界で売れっ子になった後の１９８３年に、深見は自宅で火事のために亡くなった。

その前後の時期に、たけしは弟子入り志願の若者を集めてたけし軍団を結成した。自らが弟子のような人間を集める立場になったとき、たけしは彼らにタップダンスなどの芸を厳しく指導した。

「芸人には芸がなくてはいけない」という師匠の教えを自分の弟子にも受け継いでいたのである。たけし自身も、タップダンスの練習を長年続けていた。

このように、既存の権威を疑い、それを否定しながらも、一方ではその古い価値観に縛られ続けるのが、**団塊世代**の特徴である。

団塊世代は、戦後の新しい若者文化の担い手であり、戦争の呪縛から自由になった最初の世代でもあったのだが、思想的には解放されきっていなかった。

つまり、中身が空っぽの人間ではいけない、ただ笑われるだけの人間ではいけない、ただ楽しいだけの人生ではいけない、などと真面目さを引きずっているところがあった。

後述するさんまとはその点が大きく違う。さんまは無邪気なシラケ世代であり、良くも悪くも考えが軽い。だからこそ、さんまは大衆的なメディアであるテレビに誰よりも適応することができたのだ。

たけしには長嶋茂雄や高倉健といった本物のスターに対するピュアな憧れがある。それは、自分自身が本物になれなかった出来損ないでしかない、という思いの裏返しでもあった。

芸人として並ぶ者がいないほどの華々しい成功を収めながらも、その栄光の頂きでたけしは深くため息をついている。

たけしの芸人人生は、自分自身を壊しては組み立てていくことの繰り返しだった。それは、誰も足を踏み入れたことのない孤高の道だったのだ。

プロの芸を見て「勝てる」と確信

１９５５年７月１日、明石家さんま（本名・杉本高文）は、和歌山県串本町《くしもとちょう》で生まれた。

子供の頃から明るい目立ちたがり屋で、クラスメイトの前で漫才や漫談を披露したりしていた。

若くしてすでに自分の笑いのセンスに絶対的な自信を持っていたさんまは、テレビや劇場でどの芸人を見ても「これなら勝てる」と思っていた。

その中で唯一、さんまの心に残った芸人がいた。それが落語家の笑《しょう》福《ふく》亭《てい》松《まつ》之《の》助《すけ》だった。

当時流行していた仮面ライダーを「砂糖壺みたいな面かぶって」と独特の表現でたとえたりしていた。そんな松之助の芸を見て、さんまは素直に面白いと思い、この人に弟子入りしようと決めた。

高校3年のとき、さんまは松之助の門を叩いた。このとき、「なぜ自分に弟子入りしようと思ったのか」と聞かれて「センスがいいから」と答えたエピソードは有名だ。

この受け答えに表れている率直さと軽薄さこそが、さんまのキャラクターであると同時に、シラケ世代の特徴でもある。

大阪でアイドル芸人として大人気に

松之助はさんまを自由に育てた。さんまが駆け落ち同然で女性と共に上京してしまったときにも、その後に戻ってきたさんまをそのまま受け入れた。

落語がなかなか上達せず、少しずつテレビに出るようになってからも、あえて束縛せずに自由に活動をさせていた。

さんまがタレント性とアイドル性を備えた珍しいタイプの落語家として一気に売れていったのは、師匠である松之助が背中を押したところも大きかった。

さんまが売れた最初のきっかけは、ライブで前説《まえせつ》をやっていたときのことである。出演者が出てくるまで時間を稼がなくてはいけないのだが、用意していた漫談のネタが尽きてしまった。

そこでさんまは仕方なく、高校生のときに友達の前でふざけてやっていた形態模写を披露した。阪神の小林繁《こばやししげる》投手の動きを真似たのである。すると、これが大爆笑を勝ち取った。

やがてこのものまねが評判になり、テレビからも声がかかるようになった。桂三枝（現・桂文枝）が司会を務める大阪の人気番組『ヤングおー！おー！』（毎日放送）に出演すると、瞬く間にテレビタレントとしての才能を開花させていった。

軽妙なしゃべりと甘いマスクで関西の若い女性たちからはアイドル的な人気を博した。劇場に出るときには出口で大勢の女性ファンがさんまが現れるのを待ち構えるようになった。

当時の彼は「西の郷ひろみ」の異名を持つアイドル芸人だった。

『ひょうきん族』が『全員集合』を打ち破る

１９８０年に「漫才ブーム」が起こり、関西の漫才師たちが雪崩《なだれ》を打つように東京に押し寄せていった。漫才師ではなかったさんまもその流れに乗って、全国ネットのお笑い番組に顔を出すようになった。その中の1つが、伝説的なお笑い番組『オレたちひょうきん族』である。

『ひょうきん族』が革新的だったのは、その場のノリや勢いを重視して番組が作られていたことだった。スタッフや芸人の間で何気ない雑談として出てきたような話題が、そのまま次の収録のコントのネタになっていたりした。

時代の空気をくみ取るスピード感とセンスが若者を中心に熱狂的に支持され、この番組はすさまじい人気を博すことになった。

1985年には、すでに勢いが衰えていた裏番組の『8時だョ!全員集合』が終了して、『ひょうきん族』は名実ともに時代の頂点に立った。『全員集合』のきっちりと組み立てられたコントの笑いが、『ひょうきん族』の登場によって時代遅れのものになった。

たけしやタモリの引き立て役としても活躍

『ひょうきん族』でさんまはタケちゃんマンのコーナーに出演。ブラックデビルなどの悪役キャラクターを演じていた。

一方、『笑っていいとも!』(フジテレビ)では、タモリと1対1で台本なしのフリートークを展開していた。

この時期のさんまは、先輩であるたけしやタモリと共演する際、一歩下がってそのサポート役に回っていた。

『ひょうきん族』ではプライベートでの女性関係を暴露されたり、体を張ったリアクション芸に挑んだりしていた。『いいとも』では立て板に水のアドリブトークで会場を盛り上げ、タモリの冷静で鋭いツッコミに戸惑う素振りで笑いを取っていた。

80年代前半の当時は、まだ関西芸人が全国区の番組で中心的な立場で活躍するのは難しかった。関西弁はそれほどメジャーな言葉ではなかったし、関西文化に対して嫌悪感や苦手意識を持っている人もまだまだ多かった。

大阪ではアイドル芸人として圧倒的な人気を誇っていたさんまも、そのままのキャラクターで東京に出てくることはできなかったのだ。

そこで彼は、最初のうちはたけしやタモリの引き立て役に徹することで、自分の持ち味を出そうとした。その作戦は見事に成功した。

――さんまの存在感って「ひょうきん族」の「何ですかマン」とか「ブラックデビル」とかね。

ああいうキャラクターなんだよ。ああいう部分でいちばん存在感を発揮するタイプなんだよ。だから、スシでいうとオレがごはんであいつがスシのネタなのね。オレがいなくなるとサシミになっちゃうわけよ。サシミもサシミの味があるんだけどね。

（『たけし吼える！』）

押し引きをわきまえたさんまの振る舞いは、たけしをはじめとする先輩芸人にも高く評価された。さんまはこの活躍をきっかけに、ますます仕事を増やしていった。

結婚期の低迷から抜け出す

バラエティ番組で足場を固めたさんまは、役者としても活躍するようになった。１９８６年の『男女７人夏物語』（ＴＢＳ）では女優の大竹しのぶとの自然な掛け合いシーンが評判になり、ドラマは大ヒットした。さんまのアイドル的な人気は関西から全国区へと広がっていった。

もともと大竹の大ファンだったさんまは、この共演をきっかけに急速に仲を深め、１９８８年に結婚した。

だが、その結婚生活は長く続かなかった。女優業を続けたい大竹と主婦業に専念してほしいと思うさんまとの間で溝が広がっていき、1992年に2人は離婚した。

この結婚と離婚がさんまの運命を変えた。結婚してからはバラエティ番組でも女好きの陽気なキャラクターを出しづらくなり、世間では「さんまは面白くなくなった」とささやかれるようになっていた。

また、この時期には、とんねるず、ウッチャンナンチャン、ダウンタウンなど、新しい感覚を持った次世代芸人の突き上げも激しくなっていて、さんまは窮地《きゅうち》に追い込まれていた。

私生活でもさらに苦境は続いていた。家族で住むためにバブル期に購入した豪邸の資産価値が大暴落。離婚後に安値で売却した結果、約5億円の借金を背負うことになった。

しかし、離婚を機にさんまは開き直った。離婚会見では額《ひたい》にバツのマークを書いて「バツイチ」という小ネタを披露。その後も自らの離婚ネタをあちこちで面白おかしく話すようになった。

軽薄な女好きのキャラクターも復活して、共演した数々のタレントとも浮き名を流し、「共演者キラー」と呼ばれた。

『恋のから騒ぎ』『さんま御殿』が大ヒット

そんなさんまの完全復活を象徴するのが、１９９４年に始まった『恋のから騒ぎ』（日本テレビ）である。ひな壇に個性豊かな一般人の若い女性がズラッと並び、自身の恋愛体験などを赤裸々に語っていく番組だ。

現在ではすっかり当たり前になった「ひな壇トークバラエティ」の先駆けとも言える番組だった。

この番組が始まったのはバブル景気の余韻《よいん》が残っていた時代。「男におごってもらって当然」という意識の高飛車な女性がまだまだ数多く存在していた。そんなお高くとまったバブル女にさんまが愛のある説教をする、というのが当初のコンセプトだった。

さんまは、自身の恋愛遍歴の中でわがままな女性に振り回されてきた個人的な恨みをぶつけるかのように、彼女たちから話を引き出し、鋭くツッコミを入れていった。

さんまと女性たちの「百人組手」は、どんな話が飛び出すかわからないスリリングな面白さに満ちていた。この番組からは西川史子《にしかわあやこ》、小林麻耶《こばやしまや》をはじめ、のちに人気タレントとなる人物も輩出されていった。

さらに、１９９７年にはこの形式の番組がゴールデンタイムでも新たに始まることになった。それが『踊る！さんま御殿!!』（日本テレビ）である。

さんまが数多くのタレントを相手にトークを展開していくこの番組は、彼にうってつけの企画だった。開始当初から人気になり、今でも日本テレビの看板番組として定着している。

「お笑い怪獣」として恐れられる存在に

90年代後半頃から、さんまは「大御所」と呼ばれるポジションになり、後輩芸人からは恐れられるようになっていた。どんなときにも貪欲に笑いを求めて、スキあらばボケようとする姿は「お笑い怪獣」と呼ばれた。

さんまもそんな空気を敏感に察知していた。それまでは、さんまが本格的なお笑い番組をやるときには村上ショージ、間寛平《はざまかんぺい》、ラサール石井といった気心の知れた同年代の芸人と共演するのが通例だった。

だが、この頃から『明石家マンション物語』（フジテレビ）、『明石家さんちゃんねる』（TBS）などの番組で歳の離れた後輩芸人とも積極的に絡むようになり、お笑い界のリーダーとしての存在感をアピールし始めた。

権威として恐れられ、遠ざけられてしまう前に、自ら後輩たちのもとに降りていき、彼らとの関わりを深めるようになった。

いわば、「さんま村」の村長だったさんまが、「お笑い王国」の国王に就任したのだ。２０１５年に始まった『さんまのお笑い向上委員会』（フジテレビ）もこの路線の番組である。

さらに、２００９年には新番組『ホンマでっか!?ＴＶ』（フジテレビ）が始まった。評論家や大学教授にそれぞれの専門分野で知識を伝授してもらうというもの。50代になったさんまは、狭い意味での「お笑い」だけにこだわらず、教養路線のバラエティ番組を始めたのだ。

さんまはお笑い一筋の人間であり、知識をひけらかすことを好まない。だが、実際には世俗的なことについて人一倍幅広い関心を持っている。テレビを隈《くま》なくチェックしていて、最新の芸能事情や流行にもやたらと詳しい。トーク番組ではどんな話題にも食らいつき、そこから自分なりに知識を得ようとする。

『ホンマでっか!?ＴＶ』では、そんなさんまの知的好奇心旺盛な一面が生かされている。「教養路線」の番組を始めることを解禁したのは、50代になって、明るく軽薄なキャラクターだけを貫くことには限界があると考えたからかもしれない。

共演者の魅力を引き出し、どんな会話からでも笑いを生み出すことができるのがさんまの強みだ。「女好きでおしゃべり」という基本路線は変えずに、時代や年齢に合わせて少しずつキャラクターを作り変えることで、彼はトップを走り続けてきた。

気軽に恋愛の話ができる芸人

芸人としてさんまの際立った特徴と言えるのは、若い女性と絡んで恋愛話ができることだ。芸人の中でもこのジャンルを得意とする人はそれほど多くない。

上の世代の芸人は恋愛や男女関係に対して保守的なところがある。戦前の家父長制の名残があり、恋愛や女性のことに対して男性が軽々しく口にするものではないというムードも根強くあった。

一方、**シラケ世代**にはそういう感覚がかなり薄れていた。女性の地位も向上して、女性が自立して働くことが一般的になり、離婚する人も増えた。若者が自由に恋愛を謳歌《おうか》できる時代が訪れたのである。

さんまはそのような世代を代表する存在としてテレビの世界で軽薄なキャラクターを打ち出し、日本一の無責任男として軽快なトークを展開した。大竹しのぶと離婚してからはそのキャラクターがますます輝きを増した。

相手が誰であってもどんなことも笑いにするさんまの芸風は、シラケ世代特有の軽さに基づいているものだ。

さんまには「どんなときにもただ面白いことをやっていればいい、それが芸人の仕事だ」という信念がある。

だから、どんなときにも明るく振る舞おうとするし、テレビで涙を見せたりはしない。実際はさんまにも明るく語れないことがあると思われるのだが、そういう側面を人前では頑なに見せようとしない。

さんまはいつでも「明るく楽しいさんま」を演じているようなところがある。それは演じているというレベルを超えて、そのように生きているとすら思える。

さんまは芸人仲間からも「眠っているのを見たことがない」と言われるほどのショートスリーパーとして有名だが、ずっと健康で風邪すら引いたことがないという。

風邪っぽいと感じたら「みかんを食べて太陽に向かって走る」という独自の健康法を実践することで、こじらせずにすぐに完治させている。

さんまには「病は気から」に近いような独自の健康哲学がある。病気のことを気にするのが嫌だから健康診断も受けたことがない。

そのような深刻さを排除することへの異常なこだわりも、この世代らしい感覚だと言える。

暗さはもはや必要ないということだ。

テレビに対する並々ならぬ思い入れ

さんまの芸人としての際立った特徴と言えるのは、テレビに対するこだわりの強さである。さんまはテレビ以外のＹｏｕＴｕｂｅなどの動画メディアに対して否定的なコメントをすることがある。彼にとってはテレビこそが唯一にして最高のメディアなのだ。

さんまは物心ついた頃からテレビに憧れを抱いていて、自分がテレビに出るようになってからもその純粋な気持ちを忘れていない。

２００９年に刊行された『本人　ｖｏｌ．11』（太田出版）のインタビューの中で、彼はテレビに対する並々ならぬ思い入れについて語っている。

――もともとさんまさんって、小さい頃からテレビをよく観てました？

さんま　もちろんもちろん。今の五十歳前後の人がテレビ全盛期の、一番いいテレビを観てきてると思うんですけど。

――たとえばどんな番組ですか？

さんま　いや、というより、【テレビというものそのもの】に驚きを感じて、テレビの中で誰かが歌う、誰かが喋るということに感動しながら、テレビのバラエティ番組が進化していく歴史を見てこられたっていう。だから、もともとテレビっ子だから、今でもテレビを大切に思いすぎるというか、若手がテレビで手を抜いてるとすごく腹が立つんです。「テレビっていうのはおまえらが思ってるよりも全然すごいものなんやから」「そんなテレビに出てるんやから、もっと頑張らなあかん」っていう。

（「さんま道～〝明石家さんま〟という生き方！～」『本人　ｖｏｌ．11』）

さんまがここまでテレビにこだわるのは、ある程度は世代的なものだろう。テレビを見て育っていない**戦前・戦中世代**のいかりや萩本は、このような思い入れを持っていない。また、少し上の世代にあたるタモリやたけしは、テレビの枠に収まりきらない教養的なものに対してもある程度は理解があるため、テレビだけをここまで崇拝することはない。

シラケ世代のさんまは、若者文化が花開いた時代に育ち、娯楽の王様だったテレビにどっぷり浸《つ》かってきた。

そして、自分が芸人になってからは、テレビのど真ん中で活躍し続けることが自分の本分であると信じて、驚異的な才能と努力によってそれを実現してきた。

だが、テレビを「至高のメディア」と信じて疑わないさんまのそのスタンスが、最近では徐々に時代遅れになりつつある。

２０２０年６月19日放送の『さんまのまんま35周年ＳＰ』（フジテレビ）でそれを象徴する場面があった。

さんまがトップクラスの人気ＹｏｕＴｕｂｅｒであるはじめしゃちょーをゲストに招き、ＹｏｕＴｕｂｅ談義を展開したのだ。

そこで「最近、芸能人のＹｏｕＴｕｂｅ進出が盛んになっている」という話題が出た途端、さんまははじめしゃちょーに対して「ごめんな」と謝罪の言葉を述べたのち、こう続けた。

「これはＹｏｕＴｕｂｅｒの人に謝らなあかんねん。あれ、『素人さん』の領域やって。せやねん、あの、俺はそう区切ってて。（中略）そこへプロが参入したらあかんと思ってたのよ。かわいそうやんか、こうして一生懸命やってきた人が」

さんまに悪気はないのだろうが、個人的にはこの「素人さん」という言葉に引っかかりを感じた。

さんまはＹｏｕＴｕｂｅｒの立場を尊重しているようで、実際には見下しているようなところがある。

芸能人がＹｏｕＴｕｂｅの世界に本格的に参入すれば、実力不足の「素人さん」は根こそぎ駆逐されてしまう。そう思っているからこそ、そのような言葉が出たのだろう。

さんまは、落語という伝統芸を捨てた身でありながら、テレビ芸に関してはプロ意識を持っている。彼よりも下の世代の芸人の多くは、そこまで無邪気にテレビだけを崇拝しているわけではない。

さんまが長年テレビに出続けて、人気を保ってこられたのは、テレビの価値を心から信じることができた最初で最後の世代だったからなのだ。

さんまは萩本の正統な後継者である

『恋のから騒ぎ』『さんま御殿』のようなひな壇トーク番組を手がけるさんまは、人と会話をしてそこから笑いを引き出すことに長《た》けている。

その芸風は「素人いじり」をテレビ芸として確立した萩本にも共通するものがある。

さんまは、どちらかと言うとドリフやたけしではなく、萩本の笑いの正統な後継者である。

実際、大岩賞介《おおいわしょうすけ》や詩村博史《しむらひろし》など、さんまの番組を長年担当している放送作家の中には、萩本のもとから出てきた人が多い。

さんまはジミー大西、村上ショージなどの天然キャラの芸人を身の周りに置き、彼らをいじって笑いを取ることを得意とする。

また、中村玉緒、浅田美代子、西村知美、長嶋一茂などの天然キャラのタレントと共演して、その面白さを引き出して笑いを取ることも多い。

さらに、『さんまのスーパーからくりＴＶ』（ＴＢＳ）では、一般の老人にクイズを出題して珍解答を引き出す「ご長寿早押しクイズ」のように、素人いじりの企画がたびたび行われていた。この手の企画は明らかに萩本の系譜を受け継いでいると言える。

萩本は素人いじりを得意としていて、のちに素人に近い天然キャラのタレントもいじるようになった。

一方のさんまは、そのいじり芸をさらに発展させて、どんな相手でも自分なりの切り口でいじって笑いにするという芸を身につけた。

その技術を極めたことで、さんまの笑いは萩本の笑いよりもさらに応用範囲が広いものになった。どんな相手も笑いにできるというのが、さんまが確立した究極のテレビ芸である。

一方で萩本とさんまの違いを１つ挙げるとすれば、チャリティー系の仕事をやっているかどうかだ。萩本は『24時間テレビ』（日本テレビ）の司会を務めたりするなど、お涙頂戴系の企画にも携わるようになった。

心が温まるような話をして人々が微笑ましい気持ちになって笑顔になるのも、それはそれで1つの素敵な笑いの取り方ではないか、と萩本は考える。

だが、さんまは自分がそういう活動をすることに対しては一貫して否定的である。あくまで自分の技術で笑いを取ることにこだわり、社会的に立派とされる活動を表立って行うことには関心を持っていない。

根が真面目な**戦前・戦中世代**の萩本と、社会的な問題とは距離を取る**シラケ世代**のさんまの違いが、この点にも表れている。

「お笑いビッグ3」がいまだに現役である理由

第一世代のドリフの笑いがすでに「古典」となり、萩本欽一の笑いが時代の主流から外れてしまったのに比べると、第二世代の「お笑いビッグ3」にはまだまだ現役感がある。

それぞれがテレビのレギュラー番組を持っているし、いまだに好きな芸人ランキングなどでも上位に入っている。

第二世代の人気が長く続いている理由の1つは、世代論に求めることができる。『オレたちひょうきん族』『笑っていいとも！』などのプロデューサーを務め、「お笑いビッグ3」の仕掛け人とも言える元フジテレビの横澤《よこざわ》彪《たけし》は、著書の中で**団塊世代**の特徴について以下のように書いている。

> マイナーをメジャーに押し上げ、アンチを時代のファッションの主流とさせてしまったのは、明らかに団塊の世代の功績である。そして、彼らはそれを一時のファッションに終わらせなかった。高校、大学、社会人となっても、彼らが創りだしたスタイルは、いつも主流のままだったし、彼らのセンスに受け入れられないファッションは消えていくしかなかった。
>
> （横澤彪『テレビ式 ヒットを生む発想と行動』講談社文庫）

横澤自身は1937年生まれの**戦前・戦中世代**である。彼の目からすると、戦後のベビーブーム期に生まれた団塊世代は、戦時中の窮乏《きゅうぼう》を知らず、マイペースな存在として映ったようだ。

団塊世代は車や音楽やファッション、果ては政治運動に夢中になり、自分たちの目で新しいものを見つけ出しては流行を生み出してきた。最初のうちは上の世代が眉をひそめるようなマイナーな文化だったものが、やがてスタンダードになっていった。

そうなったのは彼らの世代の人口が圧倒的に多いからだ。資本主義の社会では、企業は利潤追求のために人数の多い属性に合わせた商品やサービスを生み出していくようになるし、マスコミも彼らをターゲットにするようになる。

さらに、年月が経つと団塊世代の人間自体が企業やマスコミの中枢を占めるようになる。こうして彼らの作った文化は長く生き残っていった。

横澤がここで述べていたのは団塊世代のカルチャー全般に対する話だが、これはたけしをはじめとする第二世代の芸人についてもそのまま当てはまる。

インチキ外国語などの「密室芸」を売りにしていたタモリや、歯に衣着《きぬ》せぬ「毒ガス漫才」で知られていたたけしは、もともとマイナー志向の芸人だった。

だが、彼らのマイナー芸はいつしかメジャーなものとしてテレビの世界で定着した。

第二世代芸人の台頭は、マイナーな若者文化をメジャーな大衆文化にしてしまったという点で、それまでにない画期的なことだったのだ。

たけしが属する団塊世代は日本の歴史上、最も数の多い世代であるうえに、物心ついた頃からテレビを見る習慣が定着していて、テレビ視聴者の中での割合も高い。

彼らはタモリ、たけし、さんまを同世代のヒーローとして見守るようなところがある。そのまとまった固定票があるうえに、彼らより若い世代にも幅広く支持されているからこそ、いまだに人気が続いているのだろう。

さらに、彼らは80年代の漫才ブームや、そこから始まったフジテレビバラエティの黄金時代を経て、テレビというメディアに最適化されたテレビ芸を確立させた。

テレビ芸を最初に発見したのがいかりや長介や萩本の第一世代だとしたら、それを発展させて、スタンダードなものとして定着させたのが第二世代である。

彼らが作ったバラエティ番組の「型」は、その後も形を変えて、世代を超えて、ずっと生き続けている。

だから、彼ら自身も、そうした型と共に生き残っているのだ。

第一世代が、テレビという荒野を切り拓いた開拓者だとすれば、第二世代はそこに都市を作って暮らし始めた定住者である。

テレビという大衆的なメディアに芸人が適応していく歴史は、第二世代の芸人によって本格的に始まった。

第三世代以降の芸人は、第二世代の彼らが作った型を受け継いで、それをさらに細かく発展させるようにして、それぞれの領土を広げていった。

第3章

第三世代

「新人類」としてのとんねるず、ダウンタウン

師匠を持たない「第三世代」の出現

近年、「お笑い第七世代」という言葉が生まれ、広まっていくのに伴って、過去にあった「お笑い第三世代」という言葉も再び脚光を浴びている。

「お笑い第三世代」という言葉は、80年代末に生まれた。

西条《さいじょう》昇《のぼる》『東京コメディアンの逆襲』（光文社文庫）によると、演劇の世界で「第三舞台」「第三エロチカ」といった小劇団の人を「演劇第三世代」と呼んだのになぞらえて、当時売り出し中だった新進気鋭の若手芸人たちがマスコミの間で「お笑い第三世代」と呼ばれるようになったのがきっかけだという。

当時、お笑い第三世代と呼ばれていたのは、ウッチャンナンチャン、ダウンタウン、B21スペシャル、清水ミチコ、野沢直子、ピンクの電話、チャイルズといった面々である。

現在では、第三世代というと、「とんねるず、ウッチャンナンチャン、ダウンタウンに代表される世代の芸人」を指すものだとされているのだが、当初はとんねるずはそこに含まれていなかった。

なぜなら、この言葉が生まれた時点でとんねるずはすでに売れっ子になっていて、「これから活躍が期待される新進気鋭の若手芸人たち」の中には入っていなかったからだ。

ただ、純粋な年齢だけで考えると、とんねるずは、たけしやさんまよりもウッチャンナンチャンやダウンタウンに近かった。

そのため、あとから歴史を振り返ったときに、とんねるずは第三世代に属すると言われるようになったのだ。

実際、芸人としての特徴を考えても、とんねるずを第三世代に分類するのは筋が通っている。

なぜなら、この頃から師匠を持たない芸人がお笑い界に出てくるようになり、とんねるずこそはその先駆けとなった存在だからだ。

浅草のフランス座出身のビートたけしには深見千三郎という師匠がいて、落語界出身の明石家さんまには笑福亭松之助という師匠がいた。

だが、とんねるずには師匠がいない。彼らは独力で笑いの世界でのし上がった。

さらに、のちに出てきたダウンタウンは、吉本興業が作ったお笑い養成所「ＮＳＣ大阪」の1期生だった。これ以降、芸人のほとんどは養成所出身者で占められるようになった。

師匠を持たない芸人が多数派になったということが、この時代の大きな変化だった。

第三世代はスタイリッシュ

第三世代の芸人の特徴は、おしゃれでスタイリッシュなイメージがあるということだ。

第二世代のたけしやさんまの時代から、若者文化としてのお笑いが盛り上がりを見せて、漫才ブームの波に乗った漫才師たちは、若い女性から黄色い声援を浴びるようになった。たけしやさんまは男性ファンと同じくらい女性ファンからも愛される存在になり、アイドルのように熱狂的な支持を得ていた。

一方、第三世代の芸人は初めから芸人とアイドルの両方の要素を持ち合わせているようなところがあった。

師匠を持たず、古臭い伝統の臭いがしない彼らは、初めからアイドル的な売り出し方をすることに抵抗がなかった。

その先駆けとなった存在といえば、もちろんとんねるずである。２人とも高身長のイケメンであり、運動神経は抜群。

最初の事務所は彼らをアイドルのように売り出そうとして、スタイリストをつけていた。ＤＣブランドブームの中で、Ｋ－ＦＡＣＴＯＲＹの派手な衣装を身に着けていた。

そんな彼らは、80年代にはアイドル雑誌『明星《みょうじょう》』の表紙を飾るほどのスーパーアイドルだった。

第三世代の芸人の中で、そんなとんねるずの路線を受け継いだのがB21スペシャルである。ヒロミ、デビット伊東、ミスターちんの3人は、新宿のショーパブで知り合って、B21スペシャルを結成した。

ヒロミは自分が芸人になる前から、同世代の芸人たちが衣装に気を使っていないことが不思議だった。

誰も彼もやたらと貧乏臭い格好をしていた。当時の若手の中でおしゃれだと思えたのはとんねるずだけだった。

> そんなこともあって、俺は俺なりに考えてたのね。俺がもしもお笑いタレントになったら、着ているものはキチンとしようって。キチンとした服装で画面に出ようってね。そういうことだけでも、他のお笑いの人達と、何らかの差が出るんじゃないかって考えてた。
>
> （小園浩己『びびってんじゃねえよ！・暴走族恋愛論』扶桑社）

DCブランドのスーツに身を包んだ彼らは、デビューから間もなくして注目される存在となった。ウッチャンナンチャンやダウンタウンよりも芸歴は短かったが、一時は彼らに並ぶほどの人気を得ていた。

一方、とんねるずを除くと、第三世代の中で若手時代に最も人気があったのはウッチャンナンチャンである。

コンビニやファミレスなど当時の都会的な文化を題材にしたコントで人気を博した。

そのため、ウッチャンナンチャンは「シティ派」と称されることも多かったのだが、実際は内村光良《うちむらてるよし》が熊本県出身、南原清隆《なんばらきよたか》が香川県出身だった。

2人とも地方育ちだったからこそ、東京の最先端の文化が物珍しく感じられて、それを素直にネタにすることができたのである。

とんねるずやダウンタウンに比べると、ウッチャンナンチャンは見た目も芸風もスマートで、万人受けする要素を備えていた。

彼らの出世作となったのは、１９８８年に始まった『夢で逢えたら』（フジテレビ）である。往年の人気番組『夢であいましょう』をもじってこのタイトルがつけられた。

深夜2時台で始まった番組が評判を呼び、23時台に繰り上がることになったとき、プロデューサーの佐藤義和《さとうよしかず》は女性視聴者の人気を得るために「アート」をコンセプトに掲げて、デイレクターたちにビジュアルにこだわることを命じた。
ディレクター陣は、わざわざニューヨークからアートディレクターを招いて、衣装やセットから小物に至るまで、徹底的におしゃれで洗練された番組作りを心がけた。
佐藤は、23時台に繰り上がった初回の番組内容を見て、度肝を抜かれた。

ポップアートから抜き出したようなビジュアルとサザンオールスターズのソウルフルなサウンド。これが夜中の30分番組のオープニングとは、常識では考えられない。その後に歌あり、踊りあり、コントありとまさにショーアップされたコーナーが、すごいスピード感で展開される。深夜2時枠の『夢で逢えたら』が、とてつもなくダサく感じられた。

（佐藤義和『バラエティ番組がなくなる日』主婦の友新書）

この番組が大ヒットしたことで、ウッチャンナンチャンをはじめとするレギュラー陣の人気はうなぎのぼりになった。
第三世代以前にも、芸人がテレビに出るようになってから、アイドル的な人気を博すという現象が散発的に起こったことはあった。

だが、第三世代からは、最初から「格好良さ」を意識したアイドル的な資質のある芸人が出てくるようになった。

師匠に弟子入りして地道な修業を重ねるという過程を経る必要がなくなったことで、若手芸人から泥臭さが失われ、彼らはアイドルに近い存在になっていった。

第二世代の「芸人がアイドル視される」という時代を経て、第三世代では「アイドル然とした芸人が出てくる」という時代になっていた。

ダチョウ倶楽部のリアクション芸が評価された理由

ダチョウ倶楽部は、熱々のおでんを食べたり熱湯風呂に入ったりする「リアクション芸」の達人として知られている。彼らは第三世代に属している。

芸人やタレントが痛みや苦しみを味わい、その反応で笑いを取るリアクション芸という手法は、ダチョウ倶楽部が出てくるよりも前に存在していた。

そのルーツの1つとされるのは、ビートたけしの弟子集団であるたけし軍団だ。たけしは自身の番組の中で、たけし軍団のメンバーを過酷な状況に追い込み、そのリアクションを面白おかしく見せていた。

ダチョウ倶楽部は『ビートたけしのお笑いウルトラクイズ!!』（日本テレビ）などでたけし軍団と共演して、彼らからリアクション芸のノウハウを学んでいった。

90年代中盤には、第三世代のトップランナーであるダウンタウンやウッチャンナンチャンに続いてダチョウ倶楽部の人気もピークに達し、一時は『王道バラエティ　つかみはＯＫ！』（ＴＢＳ）という冠番組も持っていた。

ダチョウ倶楽部の代表的なギャグは、テレビの約束事を前提にすることで成り立っているものが多い。

たとえば、熱湯風呂に入ろうとする上島《うえしま》竜兵《りゅうへい》が「押すなよ、絶対に押すなよ」とメンバーに声をかける。肥後《ひご》克広《かつひろ》と寺門《てらかど》ジモンはそっと上島の後ろに忍び寄り、彼を風呂に突き落としてしまう。

ここでは「押すなよ」という言葉でフリを作って、「押す」という行動を促している。

また、ダチョウ倶楽部の代表的なギャグとして「聞いてないよ」というのがある。これもまたテレビの約束事を前提にしたギャグである。

彼らがテレビの企画で過酷な状況に追い込まれるとき、実際には事前に入念な打ち合わせやリハーサルが行われている。でも、彼らは本番ではあたかも初めて知ったような反応をしてみせる。

彼らが「聞いてないよ」と言うのは、「(普段は事前にすべて聞かされているはずなのに今回は）聞いてないよ」という意味だ。

テレビ演出上の暗黙のルールをあえて口にすることで、逆説的にその状況の特別さを浮かび上がらせているのだ。

熱いおでんを無理矢理食べさせられてもがき苦しむパフォーマンスや、口喧嘩をする２人が顔を近づけていき最後にはキスしてしまうという一連の流れも、予定調和的な笑いとして受け入れられてきた。

このようなことが人気を博した背景には、テレビを見る側のリテラシーが高まっていたことがある。

90年代になると、バラエティ番組での芸人同士のやり取りにはある程度の予定調和的な約束事があるのは承知のうえで、それを楽しむという見方が一般的になってきた。

その時期にダチョウ倶楽部が急速に台頭してきたのは、彼らがテレビの約束事をギャグやネタに落とし込むのが上手かったからなのだ。

第三世代は新人類世代である

第三世代は一般的な世代論の中では**「新人類世代」**と言われる。

「新人類世代」とは、1961〜1970年に生まれた世代を指す。80年代前半に、当時の若者の総称として使われ始めた。

「新人類」という言葉は、ジャーナリストの筑紫哲也《ちくしてつや》が雑誌『朝日ジャーナル』で行っていた「新人類の旗手たち」という若者との対談企画から広まったとされている。

1986年には、新語・流行語大賞で流行語部門金賞を受賞した。

『世代論の教科書』によると、新人類世代の特徴は「思想の重石《おもし》がない」「楽しいことが一番」「上下関係が希薄」の3つである。

新人類世代は、60〜70年代に幼少期を過ごし、日本がどんどん豊かになっていき、世界トップクラスの経済大国へと成長していく過程を見てきた。

1970年の安保闘争を最後に左翼運動は退潮となる。一般市民の生活レベルが上がったことで社会への不満が解消され、思想的な運動が支持を得られなくなっていた。

新人類世代は戦争と思想の呪縛《じゆばく》から解放され、消費社会を心の底から楽しむようになる。

フジテレビは1981年に「楽しくなければテレビじゃない」というスローガンを打ち出

した。バブル景気へと向かう80年代の華やかな時代を生きる新人類世代にとっては、何も考えずにただ楽しむことだけが重要だった。

また、上の立場の人を敬う意識が薄く、堅苦しい上下関係に縛られたくないと思うようになっていた。

このような新人類世代の特徴は、第三世代の芸人にも共通して見られるものが多い。たとえば、彼らが師匠を持たない芸人だということは「上下関係が希薄」という特徴に通じるだろう。

第三世代を代表するとんねるずとダウンタウンの足跡をたどりつつ、この世代について考えることにする。

素人のままデビュー

とんねるずの石橋貴明《いしばしたかあき》は１９６１年10月22日に東京都板橋区で生まれ、木梨憲武《きなしのりたけ》は１９６２年３月９日に東京都世田谷区で生まれた。彼らは帝京高校の同級生だった。

とんねるずの笑いの原点は「部室」にある。スポーツの名門である帝京高校で野球部に所属していた石橋は、ものまねやギャグで周囲の友達を楽しませる明るいキャラクターの持ち主だった。

目立ちたがり屋で芸能界への関心が高く、高校生の頃から素人参加型のお笑い番組にたびたび出演して、華々しい活躍をしていた。『TVジョッキー』（日本テレビ）という番組では、当時素人だった俳優の竹中直人を打ち破って優勝を果たしている。

そんな石橋は、コンビでの参加が義務付けられていた『所ジョージのドバドバ大爆弾』（テレビ東京）に出るために、サッカー部に所属していた木梨を誘った。これがとんねるず結成のきっかけになった。

いくつもの素人参加型番組に出て、そこで圧倒的な実績を残した石橋は「俺は日本一面白い素人だ」という自信を持った。

だが、この時点では芸能界に入ろうとは夢にも思っていなかった。高校卒業後、石橋はホテルセンチュリーハイアットに、木梨はダイハツ工業に就職した。

サラリーマン生活を送っていた石橋のもとに、『お笑いスター誕生!!』（日本テレビ）という当時人気だったお笑いオーディション番組から出演の誘いが来た。

木梨と共に「貴明&憲武」というコンビとしてその番組に出た彼らは、並み居るプロの芸人をごぼう抜きにして、5週目まで勝ち抜くという実績を残した。その後、再挑戦で10週勝ち抜きを果たし、チャンピオンになってしまった。

この過程で彼らは業界内でも注目されるようになり、大手企業の森永製菓からＣＭ出演の依頼が来た。そこからあれよあれよという間に、彼らはスターへの階段を駆け上がっていくことになった。

「高卒」を武器にする

芸人としての弟子入りも下積み修業も経験していない彼らは、「素人」の意識のままでテレビの世界に殴り込みをかけた。

飛躍のきっかけはフジテレビの深夜番組『オールナイトフジ』である。

１９８３年に始まった『オールナイトフジ』は、素人の女子大生を主役にした画期的な深夜番組だった。

女子大生がアルバイト感覚でテレビに出て、タレントのような扱いを受けた。たどたどしい言葉遣いでセリフを間違えたり、ミスを連発したりした。

そんな彼女たちの素人っぽさが評判を呼び、この番組から「女子大生ブーム」が起こった。

石橋は『オールナイトフジ』の主役である女子大生が気に入らなかった。

彼は幼い頃から家が貧しくて家事を手伝っていたし、欲しいものがあれば自分でアルバイトをしてお金を稼いでいた。

前述の通り、高校卒業後は就職して社会人として働いていたこともあった。

そんな叩き上げの苦労人である石橋は、家が裕福で温室育ちの女子大生を敵視していた。

大学名を名乗って自己紹介をする彼女たちに対抗して、「帝京高校卒の石橋貴明です！」と高卒をアピールした。学歴コンプレックスをむき出しにして事あるごとに彼女たちに食ってかかり、好き放題に暴れ回った。

劣等感丸出しの暴走が視聴者の若者たちには熱狂的に支持され、とんねるずはますます悪ふざけをエスカレートさせていった。

とんねるずが高卒を武器に開き直ることができたのは、学歴が彼らにとって深刻な問題ではなくなっていたからだ。

80年代にはそれまでの時代よりも大学進学率が大幅に上がっていて、「大卒＝エリート」という意識が徐々に薄くなっていた。

ビートたけしのような上の世代の人間は、その親の世代が戦前に育っているため、猛烈な学歴信仰がある。

学歴が高いことが出世につながり、収入につながる。食うや食わずの生活の中で、学歴さえあればいい暮らしができるという神話が素朴に信じられていた。たけしのような**団塊世代**の人間は、表面上は親世代に反発しながらも、その価値観を引きずっていた。

新人類世代のとんねるずにはそのような深刻な意味での学歴信仰がなく、カラッとしている。学歴がなければ手に職をつけて働けばいいという割り切りがある。だからこそ、学歴を面白おかしくネタにできたのだ。

むしろ、石橋は「俺たちは高卒だぞ！　文句あるか！」と言わんばかりに、高卒を利用して開き直り、あえて高圧的に振る舞った。

そこでは学歴という物差しが、女子大生や大卒者であるテレビ局員を黙らせるためのツールとして活用されていたのである。

80年代を席巻

１９８４年、とんねるずは初のシングルレコード『一気！』をリリースした。彼ら自身は単なる洒落のつもりで歌を出しただけだったのだが、これがオリコン最高19位、売上11万枚を超えるスマッシュヒットを記録した。

その後、とんねるずはヒット曲を次々にリリースして、数多くの歌番組に出るようになった。そこでもバラエティ番組と変わらない暴れっぷりを見せて、その存在を知らしめた。

１９８５年には、彼らにとって新たなレギュラー番組となる『夕やけニャンニャン』（フジテレビ）が始まった。

この番組は、素人の女子大生を主役にした『オールナイトフジ』がヒットしたことを受けて、同じく素人路線のアイドルバラエティ番組として企画されたものだった。『夕やけニャンニャン』の主役は、現役の女子高生中心のアイドルグループ「おニャン子クラブ」だった。

メンバーの中には、一般人もいれば芸能事務所に所属している人もいた。メンバーが途中でどんどん入れ替わっていくというシステムも画期的だった。

番組が始まってすぐにおニャン子クラブはレコードデビューを果たし、その後は出す曲すべてが大ヒットを記録。２年半の活動期間中にヒットチャートを席巻した。

この番組では、とんねるずは今まで以上の勢いで暴れまくり、何組かいた芸人のレギュラーメンバーの中でも圧倒的なインパクトを残した。

彼らは、一般人の自宅に電話をかけて壮絶な罵倒合戦を繰り広げる「タイマンテレフォン」などの人気企画を担当していた。

さらに、彼らは俳優業にも進出した。１９８６年には『お坊っチャマにはわかるまい！』（TBS）で連続ドラマに初主演。

同年には森田芳光《もりたよしみつ》監督の映画『そろばんずく』でも主演を務め、銀幕デビューを果たした。木梨がのちに妻となる安田成美《やすだなるみ》と出会ったのはこの映画がきっかけだ。

80年代のとんねるずの圧倒的な勢いを象徴する番組が、１９８７年に始まった『ねるとん紅鯨団《べにくじらだん》』（関西テレビ）である。一般人が集団でお見合いをして、最後に男性陣が女性たちにプロポーズをするという企画だ。恋愛バラエティ番組の歴史に残る名番組である。

とんねるずの２人は、毎回どちらか一方がロケに同行して、集団お見合いの進行役を務めた。一般人の男性に話しかけ、その面白さを引き出していく彼らの素人いじりの技術が生かされた番組だった。

『ねるとん紅鯨団』は23時台の番組でありながら視聴率が20%を超えることもある大ヒット番組となった。

これ以降、集団お見合いパーティーが「ねるとん（パーティー）」と呼ばれるようになるなど、社会的にも大きな影響を与えた。

『みなさんのおかげです』から現在までの歩み

１９８８年には『とんねるずのみなさんのおかげです』（フジテレビ）が始まった。この番組では「仮面ノリダー」をはじめとして、大がかりなパロディコントが行われて人気を博した。

１９９７年には『とんねるずのみなさんのおかげでした』としてリニューアルされ、２０１８年まで続いた。

ゴールデンタイムで芸人の名前を冠したお笑い番組が30年続いたというのは、空前絶後の快挙である。

『とんねるずのみなさんのおかげでした』が終了して、コンビとしてのレギュラー番組がゼロになってしまったとき、さすがのとんねるずもこれが限界かと思われていた。

だが、その後も、彼らは個々人で精力的に活動を続けている。木梨は朝のラジオ番組『土曜朝6時　木梨の会。』（ＴＢＳラジオ）に出演する一方、アーティストとして個展を開いたり、ソロ歌手として多彩なミュージシャンとコラボして作品を発表したりしている。

石橋は、『おかげでした』の総合演出を務めていたマッコイ斉藤の協力を得て、ＹｏｕＴ

ｕｂｅチャンネル『貴ちゃんねるず』を始めた。

豊富な知識を生かした野球解説や、長年の友人である清原和博との薬物に関する赤裸々なトークなど、ここでしか見られない石橋の個性を前面に出したコンテンツが揃っている。一線級のテレビディレクターが手がけているだけあって、テレビのバラエティ番組と変わらないハイクオリティの動画が多く、すでに人気は上々だ。

ＹｏｕＴｕｂｅはプロとアマチュアの境目のない世界だ。素人芸を売りにしていた石橋がそこに来たというのは、ある意味で原点回帰であるとも言える。

高校の部室で仲間の部員たちを笑わせていたかつての「スーパー素人」が、今ではＹｏｕＴｕｂｅで同じことをやっているのだ。

歌手としての圧倒的な実績

ＣＤをリリースしたり、歌手としてライブを行ったりするなど、音楽活動をやっている芸人は多い。もともとコミックバンドであるクレージーキャッツやドリフターズのような人たちもいる。

そうした第一世代に対し、ミュージシャン出身ではない芸人の中で、とんねるずほど精力的に音楽をやり続けてきた人は珍しい。

彼らのこれまでの音楽活動は、芸人の「副業」というレベルをはるかに超えて、もう1つの「本業」とも呼べるものだ。

デビューして間もない時期の彼らが勢いに任せてリリースした『一気!』がヒットしてから、彼らの歌手人生が本格的に始まった。

1985年にリリースされたムード歌謡テイストの『雨の西麻布』はオリコン最高5位、『ザ・ベストテン』（TBS）最高2位の大ヒットとなり、この曲で彼らは日本有線大賞最優秀新人賞と全日本有線放送大賞最優秀新人賞を受賞した。

その後、彼らはとんねるず名義でさまざまなタイプの楽曲をリリースするようになった。『ガラガラヘビがやってくる』『がじゃいも』などの子供向け楽曲から、『情けねえ』『一番偉い人へ』などの社会派メッセージソングまで、とんねるずは幅広いジャンルの楽曲を巧みに歌いこなし、歌手としても大成功を収めた。

80年代後半から90年代前半にかけて、全国を回る大規模なコンサートツアーも行われた。

90年代以降は、とんねるず名義の活動の代わりに「野猿《やえん》」「矢島美容室」などの別ユニットでの音楽活動が行われた。

特に、とんねるずと番組のスタッフで構成された野猿は、「大人の男性ダンスボーカルユニット」として人気を博し、数々のヒット曲を世に送り出した。武道館でコンサートが行われ、『ＮＨＫ紅白歌合戦』にも出場を果たした。

２０１９年には、石橋が元「野猿」の平山晃哉《ひらやまてるちか》、神波憲人《かんなみのりひと》と共に新ユニット「Ｂ Ｐｒｅｓｓｕｒｅ」として活動を再開。シングルがリリースされ、ライブも行われた。

とんねるずの楽曲に共通しているのは、悪ふざけと真剣さが絶妙に同居しているところだ。楽曲のコンセプトや歌詞の一部がふざけていることもあるし、音楽番組に出るときの彼らは必ずと言っていいほどコミカルなパフォーマンスに終始していた。

だが、曲自体は見事に作り込まれていた。いまやアイドルプロデューサーとして時代の寵児となった秋元康《あきもとやすし》の作詞がとんねるずの音楽活動の方向付けに大きな影響を与えている。

芸人が楽曲を出す場合、笑いの要素の強いコミックソング的なものか、あえてその逆を行く真面目なものの２つに大別される。

だが、とんねるずの楽曲は、その両方の要素を兼ね備えた独特のものだった。だからこそ、彼らは音楽活動で「面白い」と「格好いい」の両面から評価を得られる特異な芸人となったのだ。

何よりも歌手としての２人のポテンシャルが高い。長身でスタイルのいい彼らは、真面目に歌ってもふざけても絵になる格好良さがある。

木梨は器用で歌唱力が高い。石橋は歌の上手さでは木梨にやや劣るものの、派手な動きや表情で観客を惹きつける天性のパフォーマーとしての資質がある。

それぞれが強い個性を持ちながら、歌手として並んで同じ曲を歌うときには見事な調和を見せる。音楽活動をこれほど高いクオリティでこなせるお笑いコンビは後にも先にもいない。とんねるずの音楽は、企画物であると同時に本格的でもあるような、ほかに比べようがない唯一無二のものだった。彼らにとっては初めからふざけることと真剣にやることが表裏一体だったのだ。

素人芸で成り上がった初の芸人

萩本欽一は、素人いじりという分野を開拓して、テレビ芸の新しい土壌を作った。明石家さんまは、素人だけでなく、あらゆる一般人やタレントをいじりの対象として、自分の型にはめて笑いを生む手法を編み出した。

一方、とんねるずは、素人そのものが芸人になってしまったという意味で、今までにない革新的な存在だった。

すなわち、プロの芸人が素人をいじるのではなく、素人の目立ちたがり屋がプロのアイドルやタレントをいじるという逆転現象が起きたのだ。

70年代のバラエティ番組では、素人はプロの芸人である萩本によって一方的にいじられるだけの存在だった。

だが、80年代に入ると、素人が自立してテレビの世界で動き出すようになった。『オールナイトフジ』に素人の女子大生が出演したり、『夕やけニャンニャン』で素人の女子高生アイドル「おニャン子クラブ」が誕生したりした。

そんな「素人ブーム」の中で、究極の素人芸人であるとんねるずが急速に台頭していったのだ。

『お笑いスター誕生!!』に出ていた頃の彼らは、一般企業に勤めるただのサラリーマンだった。文字通りの意味で彼らは「素人」に過ぎなかった。

上の世代の芸人は、人生を懸けて一度死ぬような覚悟で笑いの道に進んでいた。師匠に弟子入りするとはそういうことだった。

しかし、とんねるずにはそんな覚悟も芸もなかった。彼らはただ高校で友人たちに披露していた「部室芸」を引っさげてテレビに挑み、伝統や常識に縛られず、自由奔放に暴れ回った。そこが革新的だったのだ。

いま若手の頃のとんねるずがテレビに出演している映像を見てみても、そこには芸と呼べるほどの芸はないように見える。

ただ、一方で、やっていることは現在のとんねるずとそれほど変わらない。彼らの芸風はデビュー時点ですでに完成されていた。

テレビのこちら側にいるはずの素人が、なぜかテレビの向こう側に行って、好き放題に暴れ回っている。

それは、テレビや芸能界が一般人に縁遠い存在だった80年代には、この上なく痛快なものだったのである。

とんねるずは、少し前まで芸人とはあまり積極的につるんだりせず、ミュージシャン、アイドル、俳優など別のジャンルの芸能人と交流を深めていった。その過程で、素人感を売りにしていた彼らは、いつしか本物の芸能人になった。

ただ、彼らは、どんなに自分たちの地位が上がっても、頑なにその芸風を変えようとはしなかった。現在でも、番組側が用意した企画や台本に縛られず、強烈なアドリブを繰り出していったりする。

「素人芸」こそが自分たちの本質であり、そこから離れてしまうと魅力が一気に失われてしまうことをよくわかっているからだ。

とんねるずがいままでの芸人にないおしゃれな雰囲気を漂わせていたのは、彼らが「伝統」を背負っていなかったからだ。それが彼らの強みであり、弱みでもある。

一方、90年代に入ると、「吉本興業」「漫才」といった伝統を背負って関西から上京してきたコンビがいた。とんねるずと並び称される存在として急速に台頭してきたダウンタウンである。

ダウンタウンを育てた「尼崎」

ダウンタウンの松本《まつもと》人志《ひとし》と浜田《はまだ》雅功《まさとし》は、１９６３年に兵庫県尼崎《あまがさき》市で生まれた。お笑い文化の根付いている関西で育った彼らにとって、笑いは身近なものだった。

特に松本は、幼少期からその才能を発揮していた。もともと人見知りでおとなしい性格だったが、笑いに対するこだわりは強く、友人の前で自作のネタを披露したりしていた。その頃から自分の笑いのセンスは圧倒的に優れているという自覚があった。

ダウンタウンの笑いの根底にあるのは、関西でも有数の工業都市だった尼崎という町の猥《わい》雑《ざつ》な雰囲気だ。

彼らの幼少期にはまだ公害が深刻な社会問題として取り上げられていなかったため、工場の煙突は黒い煙を吐き出し、クラスメイトの３〜４割が喘息《ぜんそく》持ちだったという。学校の教室の窓は常に閉め切られ、各部屋には空気清浄機が備え付けられていた。町の中には下水と工場廃水で汚れたドブ川が流れていた。

上半身裸の老婆が街中を歩き回り、子供が車にはねられると、子供のほうがドライバーに怒鳴られた。夜にはやせ細った野良犬がドブ川の水をなめてゴミ箱を漁っていた。

日本全体が豊かになっていく中で、尼崎は高度経済成長の「負の遺産」が集積したような町だった。

戦時中や戦後に育った上の世代ほどではないものの、松本の家はこの時代にしては相当な貧乏だったという。

松本は少年時代、周りの友達がみんな自転車に乗っているのに、自分だけは自転車を買ってもらえなかったため、自転車のハンドルを握るポーズをして、走って彼らについていったことがあるという。のちに作詞を手がける楽曲『チキンライス』の歌詞には、幼い頃のこうした貧乏体験が投影されている。

貧しさは想像力を育《はぐく》む。松本の笑いの本質は「想像の笑い」である。貧しい町の貧しい家に育ったことで、独自の笑いの感覚が磨かれていったのだ。

『夢で逢えたら』で全国区に進出

１９８２年、大阪で吉本興業の芸人養成所「ＮＳＣ」が開校して、ダウンタウンはその一期生となった。芸人になるためには師匠を見つけて弟子入りすることが当たり前だった時代に、養成所を出て芸人になるという新しい道が開かれていた。

この時代にはまだ弟子入りが一般的だったため、学校で笑いを学んだという彼らは先輩芸人から色眼鏡で見られていた。

あのダウンタウンですら、先輩からのやっかみや批判は多く、肩身の狭い思いをしていたのである。

しかし、デビュー当初からその実力を評価する人はいた。ＮＳＣの授業で、当時すでに売れっ子だった島田《しまだ》紳助《しんすけ》、明石家さんま、オール巨人の３人がそれぞれゲストとして訪れたことがあった。

ＮＳＣ１期生のネタを一通り見てきた彼らは、別の現場で顔を合わせたときにそれぞれの感想を述べた。３人の意見は一致していた。

「１組だけレベルの違うやつがいる」

それがダウンタウンだった。彼らの芸はこのときから完成されていた。

初期のダウンタウンの漫才の代表作に「クイズネタ」がある。松本がクイズ番組の司会者として、解答者である浜田にクイズを出題する。

「太郎君が花屋さんに花を買いに行きました。さて、何でしょう？」

「花子さんがお風呂屋さんに行きました。さて、どうでしょう？」

答えようのないクイズの問題文そのものがおかしい、というトリッキーなネタだった。

彼らの漫才の面白さは徐々に知れ渡り、今宮戎《いまみやえびす》神社マンザイ新人コンクールで福笑い大賞を受賞。その後も大阪のコンテストを次々に制覇した。

１９８６年に若手中心の「心斎橋筋２丁目劇場」という新しい劇場がオープンすると、そこの中心的なメンバーとなった。

夕方の帯番組『４時ですよ〜だ』（毎日放送）が始まると、その人気は熱狂的になり、劇場には行列ができた。ダウンタウンは、関西圏に限れば、アイドル芸人として頂点を極めた存在となった。

そんな彼らも東京進出では苦労した。80年代後半のダウンタウンは、大阪では人気でも全国的にはまだ無名だった。東京では彼らのキャラがなかなか理解されずに苦しんだ。

ダウンタウンが東京で知られるきっかけになったのが、1988年に始まった『夢で逢えたら』である。ウッチャンナンチャン、ダウンタウン、清水ミチコ、野沢直子という「お笑い第三世代」の精鋭4組がレギュラーを務め、コントを演じていた。

今までにないおしゃれな雰囲気のコント番組として若者を中心に熱狂的な支持を受けた。すでに人気のあったウッチャンナンチャンに引っ張られるような形で、ダウンタウンも頭角を現し始めた。

『ごっつ』『ガキ使』で天下取りの道へ

1991年に始まった『ダウンタウンのごっつええ感じ』（フジテレビ）は、まるで松本の妄想が具現化されたような内容のコント番組として人気を博した。

当時、とんねるずやウッチャンナンチャンも同じフジテレビでコント番組を持っていた。そこでは既存の映画やドラマのパロディコントがしばしば行われていた。

だが、松本はパロディをやることを断固拒否した。オリジナルなものを作りたいと思っている彼にとって、すでに元ネタのあるパロディは安易な手法だと感じられたからだ。

松本はパロディを拒否することで、『オレたちひょうきん族』の時代から続いていたフジテレビのパロディコント路線とは別の道を開拓することに成功した。

おかんとマー君、キャシィ塚本、MR．BATER、トカゲのおっさんなど、『ごっつええ感じ』に出てくる数々の人気キャラクターはこうして生まれた。

『ごっつええ感じ』と並んで、ダウンタウンが全国区で人気を博すきっかけとなった番組が、１９８９年に始まった『ダウンタウンのガキの使いやあらへんで！』（日本テレビ）だ。

この番組はもともと、プロデューサーの菅《すが》賢治《けんじ》がダウンタウンの漫才の面白さに惚れ込み、彼らに漫才をやってもらう番組を作りたいと思ったところから始まっている。

最初の何週かは、スタジオの観客の前でダウンタウンは持ちネタの漫才を演じていた。漫才のネタがなくなると、次は手持ちのコントを披露していた。

ところが、数カ月で持ちネタは尽きて、次の週にやるネタがなくなってしまった。そこでダウンタウンは、フリートークをやる決意をした。あらかじめ決められた台本に従うのではなく、その場で即興でトークをするというのだ。

いざ蓋《ふた》を開けてみると、これが実に新鮮で面白かった。時には、あらかじめ作り込まれた漫才の面白さを上回っていると思われることもあったほどだ。

芸人がテレビやラジオでしゃべる内容の定番としては、エピソードトークというものがある。自分が過去に体験した出来事や思い出について話をしていくのだ。

ただ、これだと事前に話題を準備しておかなくてはいけないし、ネタの数にも限りがある。毎週フリートークをやっていると、すぐに話すネタは尽きてしまう。

そこで、松本は新しいトークの手法を開発した。それは、ウソを話すことだった。

「俺は昔サーファーだった」

「UFOに乗っている宇宙人が船酔いしているのを見た」

「妖精を見たことがある」

このような、誰が聞いてもウソだとわかるようなホラ話を語り始めたのだ。相方の浜田もそれを頭ごなしには否定せず、半信半疑の様子で話を聞き出していく。そして、松本がボロを出すとすかさずツッコミをいれる。

そうやってウソの話を膨らませていくことで、松本独自のセンスが少しずつ視聴者や観客にも伝わっていき、どんどん反響が良くなっていった。

現在でも芸人やタレントがフリートークをする番組は多いが、『ガキの使い』における２人のトークとは根本が違う。

松本の鋭い発想と浜田のツッコミの技術の高さに裏打ちされた自由奔放なトークは、ほかの誰にも真似できない新しい形のアドリブ漫才のようなものだった。

音楽番組『HEY!HEY!HEY!』の革新性

１９９４年にはダウンタウンがMCを務める音楽番組『ＨＥＹ！ＨＥＹ！ＨＥＹ！　ＭＵＳＩＣ　ＣＨＡＭＰ』（フジテレビ）が始まった。

一般的な音楽番組では、ミュージシャンの歌や演奏を見せることに主眼が置かれていたのに対して、『ＨＥＹ！ＨＥＹ！ＨＥＹ！』ではダウンタウンとミュージシャンとのフリートークが売りになっていた。

この番組が画期的だったのは、ミュージシャンとのトークにおいて、ダウンタウンが彼らと対等の立場で言葉を交わして場を盛り上げようとする、ということだった。

従来の音楽番組では、番組に出るミュージシャンはテレビタレントよりも一段高みにいる存在とされていた。

だからこそ、テレビタレントや芸人が彼らをイジったり、バカにしたような態度を取ったりすることはタブーとされていたし、そんなことをやる人もいなかった。

だが、ダウンタウンはミュージシャンとの間にある壁を積極的に壊していった。ミュージシャンをあくまでも自分たちと同列のテレビタレントとして扱い、彼らをネタにして笑いを取ろうとした。

その結果、ダウンタウンの2人とも渡り合えるようなトーク力を備えたミュージシャンや、イジりがいのある個性的なキャラクターを持ったミュージシャンが脚光を浴びるようになった。

当時、私がテレビを見ていて気付いたのは、『ミュージックステーション』(テレビ朝日)などのほかの音楽番組には出演するのに、『HEY!HEY!HEY!』にだけは出ないというタイプのミュージシャンが結構いたことだ。

ミュージシャンの中には、自分たちのブランドイメージを大切にしている人もいる。そういう人にとっては、バラエティのノリを押し付けてくる『HEY!HEY!HEY!』のスタイルは性に合わなかったのだろう。

この番組を通して、ダウンタウンは神聖視されていたミュージシャンたちをバラエティの土俵に引きずり下ろした。

その結果、芸人だけでなく、すべてのジャンルの人間が「面白いかどうか」で判断される時代が来た。

そのことによって、今までへりくだってばかりいた芸人の社会的な地位が向上して、お笑いが若者にとって格好いいものと認識されるようになった。

新しい大喜利の文化を作る

また、90年代半ば頃の松本は、テレビ以外の場でも積極的に新しいことに挑戦していた。

１９９３年にリリースされたビデオ作品『ダウンタウン松本人志の流　頭頭《とうず》』では、自ら企画・構成・主演を務めた。これは、小さな中年男性に似た謎の生物「頭頭」が食材とされているパラレルワールドを描いたショートドラマだ。

１９９４年には大阪・うめだ花月シアターと東京・ＢＥＡＭホールでコントライブ『寸止め海峡（仮題）』を開催した。松本がテレビではできないような自分のやりたい笑いを徹底的に追求したライブだ。テレビのコントとは違うものを見せるために、このライブには相方の浜田はあえて出演させず、後輩の今田耕司《いまだこうじ》、東野幸治《ひがしのこうじ》、板尾創路《いたおいつじ》を共演者に選んだ。

それほど熱心ではないファンが気軽に見られないようにするため、入場料は破格の1万円に設定。マスコミでは「1万円ライブ」と呼ばれた。

１９９５年にはソロライブ『松風'95』を開催した。武道館に集まった９５００人の観衆を前に、松本はたった１人で大喜利《おおぎり》ライブを行った。

次々に出てくる写真スライドに、松本がコメントを付けていくというシンプルな構成。ここで松本がやっていたことは、のちに「写真で一言」と名付けられ、大喜利の基本的なフォーマットの１つとなった。

武道館で１人でお笑いライブを行った芸人は、後にも先にも彼だけだ。

ダウンタウンは、テレビでお笑い番組を立て続けに成功させたうえに、その枠にとどまらず、自らの求める笑いを貪欲に追求していった。そこに多くのファンが心をつかまれた。

「写真で一言」の例でもわかる通り、松本は単に既存の枠の中で笑いを生み出しただけではなく、笑いのフォーマットそのものをいくつも生み出していった。

たとえば、「大喜利」というのも松本が確立した1つの新しいフォーマットだ。

大喜利そのものは松本以前にもあった。寄席などで一種の余興として複数の芸人が観客からお題をもらってなぞかけや都々逸《どどいつ》をする、というもの。『笑点』（日本テレビ）の大喜利コーナーも基本的にはこの形式だ。

松本は、お題を与えられてフリップに文字や絵を書いてそれを提示して解答するという形を新たに生み出した。現在では、このフリップを使った大喜利こそが一般的な大喜利のスタイルとして定着している。

松本は、競技としての大喜利を新たに発明して、それをお笑い界で広めていった。現在では、バラエティ番組やお笑いライブで日常的に大喜利は行われているし、大喜利のウェブサイト、携帯アプリ、サークルや団体なども無数にある。

松本は、プロ・アマ問わず気軽に楽しめる笑いのフォーマットを新たに創造したのだ。

「すべらない話」というフォーマットの発明

２００４年に始まった『人志松本のすべらない話』（フジテレビ）という番組では「すべらない話」という概念が発明された。

芸人は誰でも「すべらない話」を持っている、というのが企画の発端だ。複数の芸人が絶対に笑える面白い話を持ち寄り、サイコロの出た目で選ばれた人から順番にそれを披露していく。

実のところ、芸人が人前で面白い話をするのは当たり前のことなのだが、そこに「すべらない話」という名前をつけることで作品性が高まり、ありがたみが増す。そして、より面白く感じられるようにもなる。それが『すべらない話』の革新的なところだった。

また、『ガキの使い』の年越し特番の企画としてすっかりお馴染みになった「笑ってはいけない○○」というのも松本が考案した新しいフォーマットだ。

松本、浜田、ココリコらレギュラーの芸人たちが特定の状況に置かれ、そこで長い時間を過ごすことになる。彼らには「笑ってはいけない」というルールがある。ルールを破って笑ってしまうと、棒でお尻をはたかれることになる。

そんな彼らのもとに、次々と笑いの刺客が襲いかかり、さまざまなパフォーマンスをしたり、アクシデントを起こしたりする。

葬式などの絶対に笑ってはいけない状況に追い込まれると、ちょっとしたことが妙におかしく感じられて笑いそうになってしまう、という経験をしたことは誰にでもあるはずだ。

「笑ってはいけない○○」という企画のポイントはまさにそこにある。「笑ってはいけない」という縛りを設けることで、芸人たちは些細《ささい》なことでも思わず笑いそうになってしまう。

そして、そこで彼らが必死に笑いをこらえる姿を見て、視聴者の側もよりいっそうその状況が面白く感じられて、笑ってしまうことになる。その状況から生まれる笑いの量が段違いに増えることになる。これがこの企画のポイントだ。

このように、松本はどんな企画でも「笑い」というものに徹底的にこだわり、新しい笑いの可能性を貪欲に追求してきた。そうやっていくつもの笑いのフォーマットを作ったことで、松本は絶対的な権威と化した。

それを象徴しているのが、松本が流行らせた「サブい（寒い）」という言葉だ。ギャグやボケが面白くないときに使われる業界用語である。

松本がテレビで「サブい」と口にしているのを真似て、世間の人もいつしか気軽に「サブい」と言い出すようになった。松本は単に面白いものを提供しただけでなく、「面白い・面白くない」の基準そのものを作り上げてしまったのだ。

「サブい」だけではない。「スベる」「カブせる」「イジる」「ドＭ（極度のマゾ）」「ブルーになる（気分が落ち込む）」など、松本が発信して一般化した表現は数え上げればきりがない。

もうすっかり当たり前のものになっていて、松本が広めたということすら忘れられている表現もたくさんある。

人々は松本が広めた言葉を使いながら、そこに付随している笑いの価値観も同時に吸収していった。松本の存在はそれだけ深く人々の心に根付いているのだ。

現在では、笑いの権威としての松本の立場を前提としている仕事も多い。たとえば、『M-1グランプリ』(朝日放送)、『キングオブコント』(TBS)では審査員を務めているし、大喜利番組『IPPONグランプリ』(フジテレビ)ではチェアマンとして実況解説役を担当している。

松本が面白いと思うかどうかが面白さの基準となる時代になったのだ。

「芸より笑い」というお笑い観

ダウンタウンは、100年を超える歴史を誇る「笑いの総合商社」である吉本興業に所属する芸人である。

だが、彼らの笑いの本質は、それまでの伝統とは無縁のオリジナルなものだった。

それを象徴しているのが、若手時代の彼らが横山やすしに批判されたときのエピソードだ。

やすしは天才漫才師として知られ、漫才に対するこだわりと愛情は人一倍強い芸人だった。

そんな彼は『ザ・テレビ演芸』(テレビ朝日)という番組の企画でダウンタウンの漫才を見

た後、彼らを激しい口調で批判した。

「お前らはなめとんか！　そんなもん漫才やない！　チンピラの立ち話じゃ！」

漫才一筋で生きてきたやすしの頭の中には、漫才の理想的な「型」というものが存在する。日常会話のようなゆったりしたテンポでボソボソと話すダウンタウンの漫才は、彼にとっては漫才と認められる代物ではなかったのだ。

松本は著書でこのエピソードを引き合いに出して、師匠と呼ばれる上の世代の芸人たちが、漫才の伝統的な形式にこだわることを鋭く批判した。

もともと漫才とは、そんなこ難しいものではないのだ。舞台の上で、二人がおもしろい会話をする、それだけのことなのだ。

チンピラの立ち話でおおいに結構だ。チンピラが立ち話をしているので、聞いてみたらおもしろかった。最高やないか！　それこそオレの目指す漫才なのである。

間が悪い、テンポがどうした……関係ない。笑えるか笑えないかがいちばん大事なことであり、テクニックは後からついてくるものである。

（松本人志『遺書』朝日新聞社）

ここでは松本の「漫才観」、そして「お笑い観」が端的に表現されている。

松本は、漫才よりも笑いそのものを信じている。上手い下手は関係ない、面白ければそれでいい。

つまり、彼にとっては芸よりも笑いそのもののほうが重要なのだ。ここには歴史的な価値転換がある。

寄せ集めのバンドマンだったザ・ドリフターズや、19回連続ＮＧを出した落ちこぼれ芸人だった萩本欽一は、テレビという新しいメディアに適応した「テレビ芸」を生み出し、それによって一時代を築いた。

ビートたけしは師匠に否定された「漫才」という半端な芸でブームの波に乗り、落語のできない落語家だった明石家さんまは、落語をやらずにテレビのスターになった。

彼らのような上の世代に共通するのは、「芸」というものに対する絶対的な敬意や憧れがあることだ。

「自分たちはきちんとした芸をやらないまま、テレビの世界で成功してしまった」という負い目のようなものを、それぞれが多かれ少なかれ抱えているように見える。

素人であることを売りにして成り上がったとんねるずですら、本物のプロに対して一目置くような態度を見せていた。

そもそもとんねるずの芸風は、プロと素人の間の絶対的な格差を前提にして成り立つものだ。

本来、素人はプロに絶対に勝てない。だからこそ、素人がプロを向こうに回して暴れ回るのが痛快だったのだ。

だが、松本にはそのような負い目が一切感じられない。そこには「上下関係が希薄」という**新人類世代**の特徴もはっきり表れている。

もちろん、上の世代の人に敬意を持っていないわけではないのだが、伝統的にきちんとした芸とされているものを守りたいという意識はほとんど感じられない。

そんな松本のお笑い観は、『Ｍ－１グランプリ』や『キングオブコント』で審査員をしているときの審査方針にも体現されている。

２０１７年の『Ｍ－１』で、ジャルジャルが「ピンポンパンゲーム」というゲームをやり合うだけの斬新な形の漫才を演じたとき、ほかの多くの審査員が低い点をつけたのに対して、松本だけが高得点をつけていた。

松本は、ネタを評価するときに「それが伝統的な型に合っているか」ということをほとんど考慮に入れない。ただ面白いかどうかだけを見て評価する。
松本は、自らが笑いの権威となってからも笑いの伝統や歴史といった既存の権威を信じていない。面白ければそれでいいという態度を貫いている。

笑いをきめ細かくした

ビートたけしは松本人志との対談の中で、自分たちの世代の漫才とダウンタウンの漫才の違いについて、以下のように語っていた。

（編注：自分たちの漫才は）あの当時としては新しいことをやってたんだけど、かなり荒いんだよね。その時代のあとに出てきたダウンタウンはもっときめ細かい。おいらの二、四、六、八というネタの切り取り方が、一、二、三、四でとってきたという感じ。乗った時は、〇・一とか〇・二の刻みでとり出したという感じがある。スピード的には二、四、六と飛んでいくから、B&Bとかおいらの漫才のほうが早いんだけど、ダウンタウンは〇・一をじっくりもたせちゃうというところがある。

（『コマネチ！ビートたけし全記録』）

ここでたけしは、自分たちよりもダウンタウンの漫才のほうが「きめ細かい」と述べている。

たけしが数字の例を出して伝えたかったのは、単純なしゃべりの速さの違いと、笑いの質の違いの両方だろう。より重要なのは後者だ。

ダウンタウンの漫才は、一般的な漫才に比べてスローテンポであると言われてきた。それでも、その漫才が高く評価されたのは、内容が抜群に面白かったからだ。

漫才ブームの頃のツービートやB＆Bは、すさまじい速さで言葉を繰り出し、勢い任せに笑いをもぎ取るようなところがあった。

一方、ダウンタウンはゆったりした間合いで、1つ1つの言葉で確実に笑いを取る。勢いに頼らず、言葉をきちんと聞かせて笑いを生み出していく。そのためにはより繊細な言葉選びが必要になる。

お笑いの世界に「動きの笑い」と「言葉の笑い」の2つがあるとすれば、松本は間違いなく言葉の笑いのスペシャリストである。

松本の登場によって「言葉の笑い」こそが高度な笑いであると考えられるようになり、お笑い界全体のレベルが上がった。

ダウンタウン以前の70～80年代のバラエティ番組の映像をいま見てみると、芸人たちの話しぶりが異様なほどゆるい雰囲気に感じられる。

現代のバラエティ番組の最前線にいるような芸人たちは、ほぼ例外なくアドリブ能力が高く、1つ1つのやり取りの中で即興で話にオチをつけて笑いを生み出すことができる者ばかりである。逆に言うと、その能力がなければ生き残れない時代になったということだ。

今では、言葉のセンスを競う「大喜利」が、芸人の能力を測る1つの重要な指標だと思われている。

短距離走でたとえるなら、ダウンタウンの登場によって、お笑いは1秒の差を競い合うものから0・01秒の差を競い合うものになった。言葉の笑いの進化が促進され、お笑い界の全体的なレベルが底上げされたのである。

第三世代が芸人のイメージを変えた

とんねるずが素人のままでテレビに出て「プロの芸人」という権威を破壊したのだとしたら、ダウンタウンは「芸をする人」ではなく「人を笑わせる人」としてプロの芸人を再定義してみせた。

両者とも別々のアプローチで既存の権威を疑い、芸人のイメージを一新してしまった。芸人が若者の代弁者としてフレッシュな魅力を放ち、カリスマとして、またはアイドルとして熱狂的に支持される時代が来た。

新人類世代である彼らは、上の世代の人間ほど世間や社会というものの抑圧を感じていない。そのため、伝統や歴史にこだわらず、自分たちの基準で楽しいことや面白いことをどこまでも追求していくことができた。

師匠を持たない第三世代の登場によって、笑いが伝統を受け継ぐ限られた人間だけの独占市場だった時代は終わり、笑いの自由競争の時代が始まった。それは、お笑い界が今まで以上に過酷な弱肉強食の世界になるということを意味していた。

とんねるずやダウンタウンはあまりにもまぶしすぎた。その後、彼らに憧れてお笑い養成所の門を叩く若者が急増した。その中の精鋭たちが次の時代を作っていくこととなった。

第4章 スター不在の群雄割拠時代

第四世代・第五世代

「ポスト第三世代」が台頭する

第三世代のとんねるずとダウンタウンは、90年代前半にフジテレビのゴールデンタイムでコント中心の冠番組をスタートさせて、押しも押されもしない一国一城の主となっていた。彼らが頂点まで上り詰めたことで、テレビ界やお笑い界では次の世代の芸人を育てる機運が高まってきた。

80年代には、芸人養成所というと吉本興業が主宰する「ＮＳＣ大阪」ぐらいしか存在していなかったのだが、１９９２年にプロダクション人力舎《じんりきしゃ》が開校した「スクールＪＣＡ」を皮切りに、各事務所が芸人養成所を次々にオープンさせた。１９９５年には吉本興業の「ＮＳＣ東京」が開校した。

養成所が増えたことで、芸人志望者に対して広く門戸《もんこ》が開かれるようになり、多くの若者が芸人を目指すようになった。

１９９３年には勝ち抜き形式のネタ番組『ＧＡＨＡＨＡキング爆笑王決定戦』（テレビ朝日）が始まり、爆笑問題《ばくしょうもんだい》、フォークダンスＤＥ成子坂《なるこさか》、ますだおかだがそれぞれ10週勝ち抜きを果たしチャンピオンになった。

また、同じく１９９３年にはホンジャマカとバカルディ（現・さまぁ〜ず）の2組が出演するコント番組『大石恵三』（フジテレビ）が放送された。しかし、数字が伸びず番組は半年で打ち切りになった。

「ポスト第三世代」の若手芸人が出演するネタ番組やコント番組はいくつか存在していたのだが、そこからすぐに芽が出た人はほとんどいなかった。

この時代に若手芸人が注目されるようになったのは、ネタという本業以外の部分がきっかけだった。

90年代中盤には「ボキャブラブーム」「電波少年ブーム」「天然素材ブーム」など、同時多発的にいくつかのブームが起こり、そこで一度に多くの若手芸人が脚光を浴びる時代が訪れた。

お気に入りの芸人をひと目見ようと、お笑いライブには若い女性客が大挙して詰めかけるようになり、お笑い界は盛り上がりを見せた。

１９９７年に出版された『平成「お笑い」最前線』（アスペクト）の冒頭で、演芸評論家の西条昇は「今世紀最後のお笑いブームがやって来た！」と書いている。

このときのお笑いブームは、盛り上がりの拠点となるテレビ番組やライブが複数あり、その波に巻き込まれた若手芸人の数も多いという点で、80年代の「漫才ブーム」ともまったく違う性質のものだった。

「ボキャブラ」「電波少年」「天然素材」の３大ブーム

そんな20世紀最後のお笑いブームは「ボキャブラブーム」「電波少年ブーム」「天然素材ブーム」の３つに集約される。それらについて順番に解説していく。

「ボキャブラブーム（ボキャ天ブーム）」は『タモリのＳｕｐｅｒボキャブラ天国』（フジテレビ）という番組から火がついた。１９９４年８月、この番組内で「ザ・ヒットパレード」というコーナーが始まった。

主に東京の若手芸人が大勢集まって、駄洒落のような言葉遊びをする「ボキャブラネタ」で勝敗を競うというものだった。当時は無名の若手芸人がテレビに出られるような機会がほとんどなかったため、この企画から空前の若手芸人ブームが起こった。

爆笑問題、ＢＯＯＭＥＲ、アニマル梯団《ていだん》、海砂利水魚《かいじゃりすいぎょ》（現・くりぃむしちゅー）、ネプチューンをはじめとする芸人たちがこの番組をきっかけに大ブレイクした。

１９９６年10月、番組は『タモリの超ボキャブラ天国』としてリニューアルされ、「ザ・ヒットパレード」は番組のメイン企画に昇格した。それに伴って、出演する芸人の数も大幅に増え、ブームはさらに加熱した。

一方、ほぼ同じ時期に社会現象になるほどの大ブームを巻き起こしたのが『進め！電波少年』（日本テレビ）である。

１９９２年に始まった頃は、司会の松本明子《まつもとあきこ》と松村邦洋《まつむらくにひろ》が体を張って過酷なアポなし企画に挑戦していた。

だが、１９９６年にお笑いコンビの猿岩石《さるがんせき》によるユーラシア大陸横断のヒッチハイク企画が始まると、これが大ヒット。この企画に触発されて、長期の海外旅行をする日本人バックパッカーが急増するほどの社会的な影響力があった。

帰国後の猿岩石はアイドル的な人気を博し、バラエティ番組に引っ張りだこになり、彼らが出した書籍や歌も大ヒットを記録した。

その後も『電波少年』シリーズでは「南北アメリカ大陸縦断ヒッチハイク」「電波少年的懸賞生活」など、無名の若手芸人を実験台にするようなドキュメンタリー企画が数多く行われた。

３つ目の「天然素材ブーム」とは、吉本興業の若手芸人ユニット「吉本印天然素材」が熱狂的な人気を博したことを指している。

ダウンタウンが上京した後、大阪の心斎橋筋２丁目劇場では、彼らの背中を追う若手芸人が数多く出てきていた。

１９９１年、その中から選ばれた雨《あめ》上《あ》がり決《けっ》死《し》隊《たい》、バッファロー吾郎、ＦＵＪＩＷＡＲＡ、チュパチャップス、ナインティナイン、へびいちごの６組によって、芸人ダンスユニット「吉本印天然素材」が結成された。

彼らは大阪発のユニットだったが、結成当初から東京で『吉本印天然素材』（日本テレビ）というレギュラー番組を持っていた。

その番組では、メンバーによるコントだけでなく、ダンスや芝居などをたっぷり見せていた。特に、芸人が本格的なダンスをするというのが斬新だった。公演を重ねるごとに注目度が高まっていき、アイドル並みの脚光を浴びるようになった。定期的に行われるイベントでは、チケットは即完売でグッズは飛ぶように売れた。

とんねるずをはじめとする第三世代の芸人は、服装などにもこだわっていることが多く、一種のアイドルとしても受け入れられていた。

一方、第四世代の吉本印天然素材の場合には、初めから芸人たちがアイドル的なダンスユニットとして売り出されていた。「芸人のアイドル化」がさらに一段階進んだのである。

大阪のお笑い界では、過去にも明石家さんまやダウンタウンがアイドル的な人気を博したことがあった。

一方、天然素材は初めから東京のテレビに出ていたため、大阪を拠点としながら一足飛びに全国的な人気を獲得した。この天然素材の中から「お笑い第四世代」最大のスターであるナインティナインが輩出された。

アイドルの芸人化が始まる

ちなみに、この時期に「芸人のアイドル化」と並行して、「アイドルの芸人化」という現象も始まっていた。その火付け役となったのはジャニーズ事務所のＳＭＡＰである。

ＳＭＡＰがデビューしたばかりの頃、アイドル業界は下火で、音楽番組も次々に打ち切られ、彼らは窮地に追い込まれていた。

そこで、ジャニーズ事務所はＳＭＡＰをバラエティタレント路線で売り出すことにした。

当時、第三世代のとんねるず、ウッチャンナンチャン、ダウンタウン、そして第四世代の天然素材など、アイドルのように熱狂的に支持される芸人がテレビの世界を席巻していた。

ジャニーズ事務所では、そんな芸人たちの活躍を参考にして、アイドル側が芸人のほうに歩み寄ることに活路を見出したのだ。

高嶺《たかね》の花のような従来のアイドル像を覆し、バラエティ番組に出て体を張った企画に挑んだり、本気でコントを演じたりする道を選んだ。

ＳＭＡＰはそれまでの正統派アイドル路線を捨てて「平成のクレージーキャッツ」を目指すことになった。

ウッチャンナンチャン、ダウンタウンらが出演していた『夢で逢えたら』と同じ枠で、１９９２年に『夢がＭＯＲＩ　ＭＯＲＩ』（フジテレビ）が始まった。ここでＳＭＡＰはキックベースに挑戦したり、本格的なコントに取り組んだりして、バラエティタレントとしての腕を磨いた。

１９９６年には同じ制作スタッフによる『ＳＭＡＰ×ＳＭＡＰ』が始まり、すさまじい人気を獲得した。ＳＭＡＰはこの番組の中で歌ったり、踊ったり、コントを演じたり、料理をしたり、さまざまな顔を見せた。

アイドルとして格好良くきめる場面もありつつ、コントにも全力で挑み、芸人顔負けの演技を見せた。

その後、アイドルが当たり前のようにバラエティ番組に出るようになったのは、ＳＭＡＰ

の成功があったからだ。

芸人がアイドルの世界に足を踏み入れたことで、アイドル側からも反動が来た。90年代以降のテレビのバラエティ番組は、芸人とアイドルが入り乱れて競い合う戦場のようになっていった。

そしてナイナイとロンブーだけが残った

『ボキャブラ』『電波少年』『天然素材』を主な震源地とした90年代中盤のお笑いブームは、数年で収束してしまった。

これらのブームが長く続かなかった最大の理由は、芸人が本業であるネタ以外のことで注目されていたからだ。

若い男性芸人をアイドルのように熱狂的に支持する女性たちによってブームが生み出される。そこでは必ずしも面白いかどうかが重視されていない。

そのため、アイドル的な人気が落ち着くと、ブームも自然に消滅してしまったのだ。

実際、この時期には一見するとお笑い界全体が盛り上がっているように見えたのだが、芸人が本領を発揮するネタ番組やコント番組はほとんどなかった。

当時はネタ中心の番組では数字が取れないと言われていて、若手芸人がテレビでネタを披露する機会は少なかった。

それは若手だけに限った話ではない。１９９３年には『ウッチャンナンチャンのやるならやらねば！』（フジテレビ）が終了し、１９９７年には『ダウンタウンのごっつええ感じ』も終わった。

『とんねるずのみなさんのおかげです』は１９９７年に『とんねるずのみなさんのおかげでした』にリニューアルされてからは、コントをやることがほとんどなくなっていた。

第三世代のトップランナーたちも、この時期にはコントから離れていたのだ。

皮肉なことに、90年代後半になってからもテレビでコントを続けられたのは、『ＳＭＡＰ×ＳＭＡＰ』に出演していたアイドルのＳＭＡＰだけだった。

『ボキャブラ天国』では「ボキャブラネタ」という特殊なジャンルの言葉遊びが求められ、『電波少年』では過酷な企画に耐える根性やリアクションの面白さが求められた。

一方、そうしたブームの波に乗ることのできない芸人は、黙々と磨き上げたネタをライブで披露するしかなかった。

また、ブームに乗れた芸人の中でも激しい生存競争が繰り広げられた。そこから人気が続いて生き残ることができたのはごくわずかだった。

大勢の芸人がブームの波にもまれて右往左往する中で、頭一つ抜け出していたのが、ナインティナインとロンドンブーツ1号2号だった。

彼らは、ネタ番組が存在しない時代に、ネタ以外の形でテレビにおいて自分たちの面白さをアピールすることに成功して、「お笑い第四世代」の出世頭となった。

爆笑問題、さまぁ～ず、ネプチューン、くりぃむしちゅー、バナナマン、有吉《ありよし》弘行《ひろいき》など、彼らと同世代で長く活躍している芸人は大勢いる。

その中で、本章で取り上げる芸人をあえてナインティナインとロンドンブーツ1号2号の2組に絞ったのは、彼らが同世代の中でも抜群に出世が早く、若くしてテレビの最前線に躍り出てきたからだ。

また、ナインティナインには『めちゃ×2イケてるッ！』（フジテレビ）があり、ロンドンブーツ1号2号には『ロンドンハーツ』（テレビ朝日）がある。彼らは時代を代表するような伝説的なお笑い番組の中心に立つ存在だった。

『めちゃイケ』や『ロンハー』は伝説的な大ヒット番組ではあるが、第三世代芸人による『とんねるずのみなさんのおかげです』や『ダウンタウンのごっつええ感じ』などと違って、出演者が企画内容に深く携わるタイプの番組ではない。

のちに詳しく触れるが、この時代にはスタッフ主導型のバラエティ番組が増えていて、そこに適応できる柔軟性のある芸人が求められていた。

ナインティナインとロンドンブーツ１号２号は、同世代の芸人の中でも戦略的な思考を持っており、早い段階からバラエティの世界で本気で戦う覚悟を決めていた。そのため、スタッフ主導型の新時代のバラエティ番組にいち早く適応して、そこで結果を残すことができた。

以下、この２組のこれまでの歩みについて振り返っていくことにする。

第四世代・第五世代は「団塊ジュニア世代」

ちなみに、本章では「第四世代」と「第五世代」を区別せずにまとめて扱うことにする。その理由は、そもそも第四世代から第六世代の間には明確な相違点が少なく、それぞれを厳密に分けて考えることが難しいからだ。

ただ、第四世代から第六世代までをすべてひとくくりにすると、かえって話がわかりづらくなる。

そこで、本書では、１９７１〜１９７６年生まれの芸人を「第四世代・第五世代」、１９

７７～１９８８年生まれの芸人を「第六世代」と定義することにした。

本章では「第四世代・第五世代」を、次章では「第六世代」を取り上げることにする。

第四世代から第六世代は、そのほとんどが**「団塊ジュニア世代」**に属する。

『世代論の教科書』によると、団塊ジュニア世代とは１９７１～１９８２年生まれを指す。日本の歴史上で最も数が多かった団塊世代の子供にあたる世代であるため、比較的人口が多い。そのため、親世代と同様に、幼い頃からスポーツ、受験、就職などの競争が激しい中で育ってきた。

彼らは十代の頃にバブル景気を経験し、日本が豊かさの頂点に立った時代を過ごした。しかし、彼らが成人して社会人になる頃にはバブルが崩壊していて、就職氷河期を迎えていた。日本経済はここからゆるやかに衰退していくことになった。

景気がいい時代を経験した上の世代の価値観に対して疑問を持っていることが多く、「自分探し」に夢中になるような人もいた。

団塊ジュニア世代のナインティナインとロンドンブーツ１号２号は、いかにしてそうした厳しい生存競争を勝ち抜くことができたのだろうか。

サッカー部の先輩・後輩がコンビを結成

ナインティナインの岡村隆史《おかむらたかし》は、１９７０年に大阪府大阪市で生まれた。相方の矢部《やべ》浩之《ひろゆき》は、１９７１年に大阪府吹田《すいた》市で生まれた。

彼らは高校のサッカー部の先輩・後輩の間柄だった。岡村は背が低く動きが独特だったため、笑わせようとしているわけではないのに周囲から笑いが起こったりするような子だった。

一方の矢部は、女子の間でファンクラブが作られるほどモテていた。

１９９０年、大学受験に失敗した矢部は、すでに立命館大学に在籍していた岡村を誘って、芸人養成所のＮＳＣ大阪に入った。

岡村は父親のすすめで国家公務員を目指していたが、大学を1年でやめてお笑いの道に進むことにした。

ＮＳＣの入学願書の自己ＰＲ欄で、岡村は力強く宣言している。

小さいころから人を笑わすのが好きで、
小・中・高校と僕の名前を知らないものはいないほどの有名人です。
ＮＳＣに入学すれば　必ずトップに立ち

―　ダウンタウンのようになって見せます。（原文ママ）

そんな岡村はＮＳＣ在学中から光っていた逸材《いつざい》だった。ＮＳＣの講師を務めていた漫才作家の本多正識《ほんだまさのり》は、岡村の姿をひと目見て「この子は売れる！」と確信したという。岡村の見た目や動きの滑稽《こっけい》さと、一瞬たりとも気を抜かない笑いへの貪欲さは、そのときからすでに完成されたものだった。

授業料を滞納したせいでＮＳＣは中退することになってしまったのだが、心斎橋筋２丁目劇場のオーディションに合格してライブに出るようになった。そこで吉本印天然素材のメンバーに抜擢《ばってき》され、コンビ結成からわずか１年で東京進出を果たした。

中学時代にブレイクダンスに打ち込んでいた岡村は、天然素材としてダンスを披露するときには常にセンターを務めていた。

岡村はお笑いに対して人一倍真面目であり、戦略的でもあった。自分たちがどうやって目立つかということを常に意識していた。

たとえば、若手時代にコンビでネタを披露するときには、動きの少ないネタを演じた。ほかのメンバーが動きの多いネタをやっていたため、あえてその逆を選んだのだ。

若手芸人の登竜門と言われる『ＡＢＣお笑い新人グランプリ（現・ＡＢＣお笑いグランプリ）』に挑戦したときには、審査員の好みに合わせてネタを作り込み、カジュアルな衣装を着たほかの出場者との差別化のためにスーツを着て漫才を演じた。

この作戦が功を奏して、ナインティナインは雨上がり決死隊、ＦＵＪＩＷＡＲＡといった先輩芸人を抑えて最優秀新人賞を受賞した。

１９９３年には岡村が『ねるとん紅鯨団』の芸能人スペシャルに出演した。集団お見合いをするこの番組で、見事な振られっぷりを見せて強烈な印象を残した。

途中までいい雰囲気だった意中の女性に告白したところ、まさかの玉砕。岡村は真顔で「なんでやー！」と絶叫した。

本人が真剣にやっていることが妙におかしいという岡村のキャラクターが生かされていた。これをきっかけにナインティナインは知名度を急上昇させた。

徐々にナインティナインの人気は上がっていき、彼らはいち早く吉本印天然素材を脱退して、テレビスターへの道を歩み始めた。若手芸人の発掘を目的とした深夜番組『新しい波』（フジテレビ）への出演を皮切りに、深夜番組の『とぶくすり』や『めちゃ×２モテたいッ！』（ともにフジテレビ）を経て、『めちゃ×２イケてるッ！』の中心メンバーとなった。

『めちゃイケ』が圧倒的な人気を得る

『めちゃ×2イケてるッ！』は『ひょうきん族』以来の伝統となる土曜夜8時の枠で放送されたフジテレビの看板番組である。

『ひょうきん族』でADだった片岡《かたおか》飛鳥《あすか》が総監督を務めていて、内容としても『ひょうきん族』の正統な後継番組であると言える。

ただし、『ひょうきん族』ではアドリブ満載のコントが行われていたのに対して、『めちゃイケ』では細部まで作り込まれたロケ企画が中心だった。

人気企画の「オファーシリーズ」では、ダンス、フルマラソン、ゴルフ、テニスなど、岡村がさまざまなことに体を張って真剣に挑んだ。この企画は、岡村が常人離れした努力によって視聴者の想像をはるかに上回る結果を残すことで成り立っていた。

その努力の過程をドキュメンタリータッチで見せることで、笑いを起こしながらも、どこか感動的な作りにもなっていた。『めちゃイケ』手法の集大成とも言える企画だった。

総監督の片岡飛鳥はナインティナインを含むレギュラーメンバーに重い責任を背負わせた。彼の「宗教的」とも言われるような番組作りは独特のものだった。だからこそ、『めちゃイケ』は信者のような熱狂的なファンを獲得するようになり、長年にわたりフジテレビを支える大きな柱となった。

２００４年に放送された『ＦＮＳ27時間テレビ　めちゃ×２オキてるッ！　楽しくなければテレビじゃないじゃ〜ん!!』は、それまでの数年で感動路線に走りがちだった『ＦＮＳ27時間テレビ』を、笑いに徹した内容に引き戻したことで話題になった。

ナインティナインはこのとき初めて総合司会を担当。瞬間最高視聴率は30％を記録した。このときにも、数多くの企画に出演し、最後には岡村が具志堅用高《ぐしけんようこう》とボクシング対決を行った。

第三世代のとんねるずやダウンタウンは、自分たちのカラーを強く打ち出して番組を作っていた。

しかし、この時期のバラエティ番組では、芸人よりもスタッフの力が強くなっていた。『めちゃイケ』は特にそういう傾向が強かった。

同時期に人気だった『電波少年』でも、芸人は一方的に過酷な企画を押し付けられ、何も知らされないままそれをやらされるだけの実験台となっていた。

土屋敏男《つちやとしお》プロデューサーも、芸人に理不尽なミッションを告げる悪役として番組内に登場していた。

芸人が「テレビ芸」を作る時代から、スタッフが「テレビ芸」を作る時代になりつつあった。

なぜスタッフ主導型のバラエティ番組が増えたか

その背景には、この時期に実現したテレビ制作における技術的な進化があった。

90年代に入る頃、小型のビデオカメラが登場して、片手で扱えるほどの小さいカメラでもそこそこの画質の映像を撮れるようになった。

それまではロケの撮影には大型のカメラを回すカメラマンのほかに、サポートする音声スタッフやビデオエンジニア（ＶＥ）も必要だった。

これには大勢のスタッフと多額の人件費が欠かせないため、大がかりなロケを行うのが簡単ではなかった。

ところがカメラの小型化によって、ディレクターがカメラマンを兼ねて、片手でカメラを回しながらロケをすることもできるようになったのである。

『電波少年』の海外ロケではいち早くその仕組みを導入していた。

「ヒッチハイク旅」などの超長期ロケが可能になったのは、ディレクター１人が出演者に張り付いていれば撮影ができるという体制が整っていたからだ。

また、『めちゃイケ』や『電波少年』は、テロップの使い方が斬新な番組だったことでも知られている。

テロップというと、一般的には出演者の発言をそのまま文字にして出しているようなイメージがあるかもしれないが、バラエティにおけるテロップの使い方はそれだけではない。

『めちゃイケ』では、メインの映像を縮小して、フレームの大半を定型の説明テロップで埋め尽くしたり、テロップによるツッコミや補足で笑いを生み出すという手法が用いられていた。

『電波少年』でも、松本明子や松村邦洋が「アポなし」で突撃ロケを行い、相手が優しく対応してくれた場合に「好感触♥」というテロップを入れたりしていた。

これも、土屋が撮影した映像を見たときの松本や松村のリアクションに物足りなさを感じ、そこにテロップを入れたら上手くオチがついたことから生まれたものだ。

このようにバラエティ番組で新しいテロップの技術が発明されたのは、１９９０年前後から制作現場でテロップ作業がデジタル化されたことによる。

それまでのテレビ業界では、テロップは「紙焼き」で入れるのが普通だった。あらかじめ文字が書かれた紙を準備しておき、それを編集の際に機械に取り込むことで、映像に文字を入れていたのだ。

紙焼きだと準備に手間がかかるため、大量にテロップを入れることができず、テロップの入れ方を細かく調整するのも困難だった。

余談だが、私は大学卒業後の２００２年から２００５年までテレビ制作会社で働いていた。私がテレビの現場にいた時代には、すでに紙焼きのテロップはほとんど使われなくなっていたが、きちんとデザインされた手書きのテロップを入れたい場合には、事前に準備して紙焼きで持っていくこともできた。

テロップ入れがデジタル化されたことで、ディレクターはテロップの大きさ、色、形、タイミングなどに徹底的にこだわることができるようになった。

それによって、新しいテロップの使い方が編み出され、その技法がどんどん進化していった。

こうした技術革新によって、撮影や編集でディレクターが番組を制御できる領域が大きくなったのである。

また、『めちゃイケ』や『電波少年』が始まった90年代は、まだテレビ業界にバブルの恩恵の余韻が残っていた時代でもあった。

１９９０年にバブル崩壊が起こり、株価が急落して日本経済は景気低迷期に入った。広告収入で支えられているマスメディアは大打撃を受け、新聞やラジオの広告費はここから右肩下がりになった。

だが、テレビ業界はバブル崩壊のダメージが小さく、広告費は２０００年頃まで上昇を続けていた。

この時代にはまだテレビの撮影や編集に膨大な制作費をつぎ込むことができた。だからこそ、スタッフは金に糸目をつけずに面白いことをどこまでも追求することができた。

それによって、のちに語り継がれるような伝説的な番組が生まれたのだ。

「テレビ芸」の担い手が芸人からスタッフに移っていた背景には、そのような事情もあった。『ひょうきん族』の時代のテレビでは、現場の空気をそのまま視聴者に伝えることが重要だった。

だが、『めちゃイケ』や『電波少年』では、出演者や現場で起こった出来事を素材として、ディレクターがそれらを加工して面白い番組を作っていくようになった。

最近のバラエティ番組に出ている芸人はしばしば「現場はまったく盛り上がっていなかったのに、オンエアを見たら面白い番組に仕上がっていて驚いた」などと言うことがある。

今の時代のディレクターは、収録現場では面白さの火種《ひだね》をかき集めている。それを大きく燃え広がらせるのは、あとから編集でやればいいというわけだ。

『めちゃイケ』は、そんなスタッフ主導型のバラエティ番組の先駆けのような存在だった。ナインティナインは番組の顔ではあるが、決して主役というわけではない。

『めちゃイケ』はナインティナインの冠番組ではない。レギュラー陣は「めちゃイケメンバー」として対等に扱われる。ナインティナインには第三世代の芸人ほどのカリスマ性もなかった。良くも悪くも、横並びの集団の中で力を発揮するタイプだったのだろう。

岡村の無期限休養と失言騒動

岡村は、過剰すぎる努力と集中力によって、第四世代の激しい競争を勝ち抜き、売れっ子になった。

だが、そんな彼の自分を追い込むような生き方は、深刻な二度の危機をもたらした。

それが、２０１０年の無期限休養と、２０２０年の失言騒動である。

２０１０年、コンビ結成20周年という節目の年に、岡村は多忙を極めていた。レギュラー番組に加えて、自身が主演を務める映画『てぃだかんかん』の撮影のために、東京と沖縄を行ったり来たりしていた。

また、『踊る大捜査線 ＴＨＥ ＭＯＶＩＥ３』『シュアリー・サムデイ』と立て続けに映画に出演。さらに、一人芝居のライブにも初挑戦することを決めて、準備を続けていた。

その結果、体調を崩し、一人芝居の舞台『二人前』は延期されることになった。

続いて、『めちゃイケ』や『ナインティナインのオールナイトニッポン』（ニッポン放送）の収録も休むことになった。

その後、一時的に復帰をしたのだが、体調は回復せず、ついに7月に無期限休養が発表された。

5カ月の休養を経て、岡村は11月放送の『めちゃイケ』で復帰を果たした。『オールナイトニッポン』では「病んでたから」「主治医が」などと、休養に入る前の精神状態のことを包み隠さず、面白おかしく話してみせた。

ギリギリのところで復活を果たし、ナインティナインは20年目の危機を乗り越えた。

だが、復活した２人の間にはどこか意識のズレがあったようだ。

２０１４年に矢部は『ナインティナインのオールナイトニッポン』を卒業することを発表した。本人は「岡村が復帰したことで達成感を感じてしまった」と理由を語っていた。岡村のほうはラジオを続けたいと思っていたため、単独で番組自体は続けることになった。

その頃から、２人の間には溝ができていた。２０１８年には『めちゃイケ』も終わり、コンビでの仕事も激減した。何らかの理由でコンビ関係がぎくしゃくしていたのは明らかだった。

そんな中で、無期限休養からちょうど10年後の２０２０年、事件が起こった。

岡村が４月23日深夜放送の『ナインティナイン岡村隆史のオールナイトニッポン』の中で「コロナが終息したら絶対面白いことあるんですよ。美人さんがお嬢（風俗嬢）をやります。短時間でお金を稼がないと苦しいですから」と発言した。

コロナ禍で生活が苦しくなった女性が風俗業を始めることを待ちわびているという、明らかに問題のある発言だった。

これに対して大規模なバッシングが起こり、岡村の所属事務所である吉本興業は本人の名前で謝罪文を発表。４月30日深夜放送の同番組では、岡村がたどたどしい口調で謝罪と反省の言葉を繰り返した。重苦しい空気が流れる中、矢部がスタジオに乱入して「やったな、お前。やってもうたな」と話し始めた。

その後、矢部は落ち着いた口調で自らの思いを語った。彼はこの舌禍《ぜっか》騒動をナインティナインというコンビの緊急事態だと捉えていた。

「公開説教」と称して、矢部は岡村に対して失言問題だけでなく、その発言に象徴される昨今の岡村に見られる問題点を厳しく指摘した。それがコンビの関係が悪くなった理由でもあるとはっきり述べた。

矢部によると、岡村はもともと過剰な努力家ゆえの気難しさか、身近なスタッフに気を使わせるような内弁慶な傾向があった。復帰後は、スタッフも今まで以上に岡村の精神状態に気を配るようになった。さらに、芸歴や年齢を重ねたことで立場が上がり、彼に物申すことができる人もどんどんいなくなっていた。

矢部は翌週、翌々週のラジオにも出演した。そして、翌々週にあたる5月14日深夜の放送回で『ナインティナインのオールナイトニッポン』を復活させることを宣言した。

ナインティナインというコンビの止まっていた時計がようやく動き出した。

前述の「公開説教」の最後で、矢部は自分がその場に出てきた意図について語っていた。

「こういう機会に全部さらけ出したほうがええんちゃうかなと思って。もう自分らの恥部をね、恥ずかしい部分も見てもらって。どっちか言うたらそういうタイプでやってきたじゃないですか」

ナインティナインより上の世代の芸人は、自分たちの弱い部分や格好悪い部分を人前でさらけ出したりはしない。

一方、ナインティナインは何でも見せてしまう不器用で情けないところがある。レギュラー陣が何もかもさらけ出して必死で戦う『めちゃイケ』を活動の拠点にしてきた彼らは、自分たちの葛藤や戸惑いもすべてネタにしてきた。

その類まれなる実直さによって、ナインティナインは第四世代の中でも突出した存在となった。

テレビで泣いてしまう弱さと強さ

笑いの世界では「芸人は人前で涙を見せるものではない」という不《ふ》文律《ぶんりつ》がある。芸人は観客を笑わせることだけに徹するべきであり、自分が本気で泣いたり怒ったりして感情的になるのは、笑いの妨げになると考えられているからだ。

第一世代から第三世代までの芸人は、テレビという新しいメディアに適応するために、それぞれの形で従来の笑いの常識を覆してきた。第三世代のとんねるずは「素人」を名乗り、ダウンタウンは伝統芸としての笑いの権威を真っ向から否定した。

だが、そんな彼らですら、「人前で泣くべきではない」といった芸人特有の美意識は、しっかりと受け継いでいた。

とんねるずやダウンタウンは、テレビでは涙を見せない。ごくまれに感動的な場面で目をうるませているように見えることはあっても、泣くべきではないという意識を保っている。

１９９２年にダウンタウンが日本テレビの『24時間テレビ』のパーソナリティを務めたときには、エンディングで彼らが泣いていたのではないかと話題になった。

その後、彼らは『ガキの使い』のフリートークで「俺は泣いてへん！　お前は絶対泣いてた！」と互いに一歩も譲らず主張し合っていた。

一方、２０１１年にナインティナインがフジテレビの『ＦＮＳ27時間テレビ』で総合司会を務めたときには、矢部が『24時間テレビ』のパロディ企画として、１００㎞マラソンに挑戦した。

番組全体を締めくくるフィナーレで、矢部が岡村への思いを語ったＶＴＲを見て、岡村が泣いてしまうという場面があった。

岡村は泣きながら「テレビで泣いたら、さんまさんに怒られるんです。すいません」と語っていた。

もちろん、岡村にも「芸人が人前で泣いてはいけない」という意識はある。それでも、感極まって泣いてしまうことがある。

だが、そんな岡村の涙が視聴者に批判されることはない。むしろ、岡村らしい、ナインティナインらしい、というふうに好意的に受け止められることがほとんどだろう。

本人がどこまでも必死で真面目だからこそ、そこからこぼれ出てしまう感情にリアリティがあって面白いし、感動的でもある。

第四世代の筆頭であるナインティナインの岡村は、上の世代のカリスマ芸人たちに対して、常に劣等感のようなものを抱えているように見える。

だが、人前で泣いてしまうというような、本人が欠点だと思っているようなことが、実は最大の武器であり、ほかの芸人にない強みでもある。

上の世代からの抑圧を常に感じていた岡村は、特異な形でそれを乗り越えて、自分のキャラクターを確立したのだ。

幼い頃から「立ち回りの天才」だった

ナインティナインの武器が岡村の「実直さ」にあるとすれば、ロンドンブーツ1号2号の武器は田村淳《たむらあつし》の「したたかさ」にある。

ロンドンブーツ1号2号の田村淳は、1973年に山口県下関市《しものせきし》で生まれた。相方の田《た》村亮《むらりょう》は1972年に大阪府高槻市《たかつきし》で生まれた。

淳は、著書の中で自分のことを、何をやっても平均点以下の「35点男」だと書いている（田村淳『35点男の立ち回り術』日経BP）。実家は裕福ではなく、勉強もスポーツも得意ではなく、見た目も格好良くないし、背も低い。

だが、淳は、それを自覚しても決して卑屈にならず、むしろ「そんな自分が上手く立ち回っていくにはどうすればいいか」ということに知恵を絞っていた。

小学校2年のときにいじめを経験した淳は、自分が動き出さないと状況は変わらないと気付き、あるとき思い切って手製のヌンチャクを学校に持ち込み、突然いじめっ子の顔面を叩いた。

先生には叱られたが、これを機にいじめはピタッと収まり、無視されていた同級生からも話しかけられるようになった。

その後は、以前の自分のようにいじめられていた子に積極的に話しかけて、その子の長所をみんなに伝えることで、いじめをなくそうとした。

その姿が女子にも好感を持たれて、クラスメイトや教師からの評価も上がった。淳は、自分から動き出すことで人生が変わるということを学んだ。

中学時代には、好きだった女子に告白して付き合い始めたが「一緒にいても楽しくない」と言われ、わずか1週間で振られてしまった。

これをきっかけに、淳は相手の気持ちを考えて上手く立ち回っていくことの重要性に気付いた。そして、それを徹底して行うようになった。

中学時代には、ヤンキーの集団とそうではない集団の間を行ったり来たりして、仲を取り持つような役目を果たした。その結果、どちらにも嫌われず、両方の集団といい関係を築くことができた。

高校時代には、複数の男女で一緒にいるときに、輪の中心でみんなの話を聞いて、全員を楽しませる役割に徹した。

自分の個性を強く主張せずに、他人の話を引き出して場を盛り上げることで、結果的に多くの人から信頼を得ることができる。この頃、淳はすでに司会業の素質の片鱗を見せていた。

そんな彼は、子供の頃からテレビに出て有名になりたいと思っていた。

当時好きだった番組は『天才・たけしの元気が出るテレビ!!』と『ねるとん紅鯨団』だった。どちらも、芸人の発想やセンスを見せるお笑い番組ではなく、一般人を巻き込むようなドキュメンタリー性のある企画が売りのバラエティ番組だ。

淳はこの時点ですでに、芸人の世界よりもテレビバラエティの世界に憧れていた。いわば、彼は初めから「テレビ芸の申し子」だったのだ。

異例のスピード出世を果たす

淳は、高校時代に同級生と「ふぐの助・ふぐ太郎」というお笑いコンビを組み、地元のお笑いコンテストに出たりしていた。ある大会で優勝したのがきっかけでいくつかの大学の学園祭に呼ばれたりして、高校生の頃から芸人として金を稼いでいた。

本格的に芸人として活動するために、高校卒業後にコンビで東京に出ることにした。だが、何のコネもなかったため、最初はまったく結果が出なかった。月に一度だけ開かれる太田プロのオーディションを受けるぐらいしかやることがなかった。

一緒に上京した相方はそんな生活にすぐに見切りをつけて、半年で地元に帰ってしまった。

途方に暮れていた淳は、人に紹介されて田村亮に出会い、「ロンドンブーツ1号2号」を結成した。彼らは原宿の歩行者天国で1年間コントライブを行った。

1994年、吉本興業が東京・銀座に「銀座7丁目劇場」という新しい劇場をオープンすることになった。

そこに出るレギュラーメンバーになるためのオーディションに参加した。約1000組の参加者の中から、合格者はわずか10組のみ。

ロンドンブーツ1号2号は10組には選ばれなかったものの、実力が認められて劇場には出られることになった。こうして、1994年にロンドンブーツ1号2号は正式に吉本興業に所属することになった。

淳は、自分たちが売れるためにどうすればいいかを徹底的に考えた。売れている芸人を観察しているうちに、彼らが売れた理由が見えてきた。

売れている芸人は、事務所の人間に気に入られて、彼らに必死に売り込んでもらうことでテレビの仕事などを得ていた。

つまり、売れるためには事務所の人を味方につければいいということになる。淳は、事務所のスタッフに相談事を持ちかけたりして、一緒に劇場を盛り上げていこうという姿勢を見せた。

すると、スタッフが少しずつ味方になってくれた。また、劇場の支配人に信頼されるにはどうすればいいか考えて観察を続けていると、支配人がよく意見を聞いている女性スタッフがいることに気付いた。

この人をターゲットにして、一緒に仕事に巻き込んで少しずつ信頼を得ることで、ロンドンブーツ１号２号の社内評価がどんどん高まっていった。

このようにして地盤を固めたことで、ロンドンブーツ１号２号は同世代の芸人の中でも異例のスピード出世を果たした。

１９９６年には深夜番組『あなあきロンドンブーツ』（テレビ朝日）が始まり、１９９７年にはそれが『ぷらちなロンドンブーツ』になり、１９９９年にはゴールデンタイムで『イナズマ！ロンドンハーツ』（現・『ロンドンハーツ』）が始まった。

事務所に所属してからわずか5年でゴールデンタイムに冠番組を持つまでになった。

ロンドンブーツ１号２号はネタの面白さに定評があるコンビではなかった。彼らが圧倒的な速さで出世できたのは、幼少期から鍛えられた淳の立ち回り力のおかげだった。

もちろん、事務所の人に好かれるだけでそこまでの快進撃はできない。

彼らには、それまでの芸人になかった独特の軽さがあった。いい意味で芸人らしさがなく、素人と同じ目線で一般人をいじり、純粋に面白がっているようなところがあった。それが新しかった。

素人がテレビに突然出てきたような存在感を放っていたという意味では、若手時代のとんねるずにも通じるものがある。

とんねるずは、低学歴の貧乏育ちというコンプレックスを抱えていたため、あえて開き直って偉そうにするというキャラを打ち出していた。

一方、ロンドンブーツ１号２号の場合、偉そうにすることも卑屈になることもなく、まったく対等な目線で素人に絡んでいったのが革新的だった。

一般人の浮気調査をする「ガサ入れ」の大ヒット

そんな彼らの出世作となったのは『ぷらちなロンドンブーツ』の「ガサ入れ」という企画だった。

彼女の浮気を疑っている彼氏からの依頼を受けて、彼女の部屋をガサ入れして浮気調査をする、というものだ。

この企画が提案された当初、スタッフも演者も実現は難しいだろうと考えていた。そもそも家に入れてくれるはずがないし、仮に入れたとしても捜査なんてできないだろう、と思われていたのだ。

だが、実際にやってみると、意外と上手くいった。玄関先で鍵を開けてもらうために、インターホン越しに淳が名前を名乗らずに「俺、俺」とだけ言ったりした。そうやって彼氏を装ってドアを開けさせたりした。

また、企画を続けていくうちに、女性のウソを見抜く力がどんどん身についていった。ほとんどの場合、彼らの捜査によって浮気が発覚することになった。

一般人の生々しい恋愛事情にスポットを当てたことで、この企画は評判を呼んだ。これがロンドンブーツ１号２号の名刺代わりとなり、彼らの人気はどんどん高まっていった。

ゴールデン番組の『ロンドンハーツ』でも、最初は一般人の恋愛が主なテーマだった。凄腕ホストに彼女をナンパさせて浮気心を誘う「ザ・スティンガー」、彼氏の浮気心を調査するために淳が女性のふりをしてメールで誘惑する「ザ・ブラックメール」など、さまざまな形で過激な素人いじりが行われた。

「ザ・ブラックメール」はその後、芸人などをターゲットにする「マジックメール」という企画に発展した。男心をくすぐる絶妙なメール文を書く淳の能力が発揮されていた。

その後、一般人を対象にした企画は徐々に減っていき、芸人やタレントをいじる企画が増えてきた。

その中で最大級のヒット作と言えるのが「格付けしあう女たち」である。杉田かおる、国《こく》生《しょう》さゆりなどのひと癖ある女性タレントが集まり、テーマに従ってお互いを順位付けして、底なしの罵倒合戦を繰り広げた。

女性同士の激しいやり取りをギリギリのところで面白おかしくまとめて処理していく淳の司会ぶりが見事だった。

この企画によって淳のＭＣとしての能力が改めて業界内で認められ、ほかの多くの番組でも司会を任されるようになった。

地上波にこだわらないタレント活動の先駆者

その後、淳は仕事の幅を広げ、『知りたがり！』（フジテレビ）では情報番組のコメンテーターを経験した。

しかし、そこで淳は苦い挫折《ざせつ》を味わう。スタッフからは無難なコメントばかりを求められ、自分の意見を言おうとすると、話を振られなくなっていた。

ある時期までの地上波テレビは、淳にとって自由に遊んで自由に意見が言える場所だった。だが、いつのまにか状況が変わっていて、息苦しさばかりを感じるようになった。

その後、淳は全国ネットの地上波テレビ以外で自由に動ける場所を探すようになった。

２０１６年に始まった『田村淳の地上波ではダメ！絶対！』（ＢＳスカパー！）は、そのタイトルの通り、地上波では実現不可能な企画に挑戦する番組である。

覚醒剤（シャブ）を使用した経験のあるタレントとしゃぶしゃぶを食べながらその恐ろしさについて語り合ったり、体を張った卑猥《ひわい》な芸の達人を集めたり、ホームレスをゲストに呼んで、彼らの生活の実態を聞いたり、一貫して攻めの姿勢をとっていた。

それ以外にも、地方局・ＢＳ・ＣＳなどを中心にして、自分の興味のある企画ができる番組を数多く手がけるようになった。

芸人やタレントが制約の多い地上波テレビに見切りをつけて、ＹｏｕＴｕｂｅを始めたりするというのは、今でこそ珍しいことではなくなったが、淳はその先駆者である。

誰よりも「自由」を求めてテレビの世界にのめり込んできたからこそ、時代の変化を敏感に感じ取り、いち早く動き出していたのだろう。

淳は「自分を芸人だと思っていない」とよく言っている。舞台の上で芸を披露するのが芸人だとすれば、たしかにロンドンブーツ1号2号の2人は芸人ではない。

同じ世代のほかの芸人たちが、ダウンタウンやウッチャンナンチャンの背中を追って「芸人としてどう戦っていくか」を考えていたときに、ロンドンブーツ1号2号だけはまったく違う方向を見ていた。

だからこそ、第四世代の激しい競争を勝ち抜き、1組だけスピード出世を果たすことができたのだ。

芸人がテレビで生き残るにはテレビに対応した「テレビ芸」というものが必要だ、というのが従来の考え方だった。

だが、ロンドンブーツ1号2号の時代になると、そもそもテレビに出るためには「芸人」である必要もない、ということになった。そこを誰よりも徹底して、割り切って、合理的に考えていたのが淳の先見性だった。

好奇心の赴《おもむ》くままに面白いものを探す貪欲さと、圧倒的な立ち回り力によって、ロンドンブーツ1号2号はナインティナインと並ぶ第四世代のトップランナーとなることができた。

「天下取り」の図式が崩壊した

第三世代の華々しい活躍を見て、それに続こうとした第四世代と第五世代の芸人は大量に存在していた。

だが、彼らの中で、いち早く90年代に頭角を現すことができたのは、ナインティナインとロンドンブーツ1号2号の2組のみだった。それ以外の芸人は最初のチャンスをつかみ損ねて、長い雌伏《しふく》の時を過ごすことになった。

ゼロ年代（2000〜2009年）に入ってから、さまざまなルートを経て、彼らの中から売れっ子になる人が現れてきた。

そのルートの中で最も有力なものの1つが、2003年に始まった『アメトーク！』（現・『アメトーーク！』／テレビ朝日）である。『ロンドンハーツ』と同じテレビ朝日の加地《かぢ》倫三《りんぞう》プロデューサーが手がける、ひな壇形式のトークバラエティ番組である。

この番組がヒットしたことで、MCの雨上がり決死隊が人気を獲得したのはもちろん、多くの芸人が飛躍のきっかけをつかんだ。

そのほとんどは、雨上がり決死隊と同世代の第四世代・第五世代の芸人である。彼らはひな壇という戦場で時に争い、時に助け合いながら、自分たちをアピールしていった。

そんな「ひな壇芸人」の中で最も華々しい成功を収めたのが有吉弘行である。

有吉はかつて猿岩石の一員として「電波少年ブーム」に乗って売れっ子になったが、ブームが終わると人気は急落し、一発屋という汚名を着せられていた。

だが、そこから何とか這い上がり、『アメトーーク！』で見せた「あだ名芸」によって大ブレイクを果たした。２０１１年にはニホンモニター調査の「タレント番組出演本数ランキング」で１位を獲得した。

その後はＭＣに上り詰め、２０２１年現在では数多くの冠番組を抱える当代随一の売れっ子となっている。

有吉以外にも、くりぃむしちゅー、さまぁ～ず、タカアンドトシ、バナナマンなど、現在テレビの第一線で活躍している芸人の大半は、第四世代・第五世代に属している。

彼らはそれぞれ紆余《うよ》曲折《きょくせつ》を経て、遅咲きのブレイクを果たしている。数が多すぎて芽が出るまでに時間がかかったとはいえ、圧倒的な実力を持つ芸人は遅かれ早かれ出てきているとも言える。

第三世代のダウンタウンやとんねるずがフジテレビのゴールデンタイムにコント番組を持

っていたときには、わかりやすい「天下取り」の図式があった。ゴールデンタイムに冠番組を持って「一国一城の主」となることが、天下を取っていることの証だった。

だが、その後、時代の変化と共に、お笑い番組をゴールデンタイムに持つことが難しくなり、「天下を取る」ということが現実的ではなくなった。

圧倒的な才能とカリスマ性を備えた芸人が、冠番組を持って自ら笑いを作っていくというケースが徐々に減っていき、芸人たちはスタッフの演出意図に合わせて番組作りに貢献する存在になっていった。

ナインティナインが出ていた『めちゃイケ』、ロンドンブーツ1号2号が出ていた『ぷらちなロンドンブーツ』や初期の『ロンドンハーツ』は、芸人より演出の力が強いスタッフ主導型のバラエティ番組だった。また、それらの番組には『電波少年』的な「ドキュメントバラエティ」の要素もあった。

このような新しい時代のバラエティ番組に適応できる芸人が求められるようになり、一国一城の主はもはや必要とされていなかった。

第四世代・第五世代の芸人は、それぞれに合ったやり方で、それぞれにとって居心地のいい場所を見つけて、着実に活動を続けている。

１組の選ばれし芸人が「天下を取る」という時代は終わり、戦国時代のように数多くの芸人がそれぞれの城を構えて共存する時代に入ったのだ。

第5章

第六世代
テレビへの憧れと挫折

ゼロ年代にネタ番組ブームが到来

90年代後半のお笑い界は、「ボキャブラブーム」「電波少年ブーム」が徐々に沈静化して、寂しい状況に陥っていた。

ゼロ年代に入ると、少しずつ活気が戻ってきた。そのきっかけとなったのは、若手芸人がネタを演じるネタ番組が少しずつ復活してきたことだ。

1999年に始まった『爆笑オンエアバトル』（NHK）は、ゼロ年代のネタ番組ブームの草分けとなった番組である。スタジオの観客の審査によってオンエアされるかどうかが決まるというシビアなシステムが導入されていた。

この番組は、始まってすぐに若い世代の視聴者の支持を集めた。そして、この番組をきっかけに、テレビのお笑いをめぐる状況が変わっていった。

2001年には『M-1グランプリ』が始まった。結成10年以内の芸人の中で漫才の日本一を決める、という企画である。

『オンバト』とは対照的に、この番組では島田紳助、松本人志といった名の知れた大物芸人が審査するという方式が採用された。

特に、当時すでに笑いの権威となっていた松本を審査員に起用したことの意義は大きい。

第1回の時点ではそれほど注目されていなかったが、視聴率は年々上がっていき、２００8年にはピークを迎えた。

さらに、２００３年には『エンタの神様』（日本テレビ）が始まった。もともとは、歌、ダンス、マジックなどさまざまなエンターテインメントの可能性を追求するという趣旨の番組だった。

だが、中でもお笑いを扱う企画だけが特に数字が高かったことから、始まって数カ月でお笑いをメインとする純粋なネタ番組に移行していった。

夜10時台に放送されていたこの番組は、視聴者の年齢層も幅広く、視聴率も高かった。『エンタの神様』が大当たりしたことで、ようやく本格的なお笑いブームの幕が開《あ》いた。

２００７年には『爆笑レッドカーペット』（フジテレビ）が始まった。この番組はもともと、ヤラセ問題で突然打ち切りを迎えた『発掘!あるある大辞典Ⅱ』の穴埋め番組の１つとして始まった。

視聴者の反響が大きかったため、特番としての放送を何度か重ねた後、２００８年にレギュラー番組に昇格を果たした。

この番組では、芸人たちが次々に舞台に現れて、1〜2分程度の短いネタ（ショートネタ）

を披露する。そして、ネタが終わると、芸人たちはベルトコンベアー式の装置で横に流されていってしまう。

テンポ良く短いネタを次々に見せていく手法が斬新だった。この番組は話題になり、毎週のように新しいスターが生まれていった。

『爆笑レッドカーペット』をきっかけにして、空前のショートネタブームが起こった。２００７年に始まった深夜番組の『あらびき団』（ＴＢＳ）もショートネタ中心の構成だったし、各局で似たような形式のネタ番組が特番として放送されるようになった。

『オンバト』『Ｍ-１』『エンタ』『レッドカーペット』という４つの番組を中心にして、ゼロ年代にはネタ番組ブームが起こった。

90年代の「ボキャブラブーム」や「電波少年ブーム」では、テレビで芸人が本業であるネタを見せることができなかったため、実力を発揮できない者も多かった。

一方、ゼロ年代には、ネタ番組が次々に生まれたことで、芸人の実力が正当に評価されやすくなった。そのことによって、本当に実力のある芸人が続々と世に出ていき、ブームは長く続いて盛り上がりを見せた。

その中には、第四世代・第五世代の芸人もいれば、その下の世代にあたる第六世代の芸人もいた。幅広い層の芸人がブームの熱狂の中で戦っていた。

「谷間の世代」の苦悩

10年代に入ると、一気にブームは沈静化した。『エンタの神様』『爆笑オンエアバトル』『爆笑レッドカーペット』『M-1グランプリ』のレギュラー放送が次々に終了して、ネタ番組やコント番組がほぼ絶滅してしまった。

この時期には、お笑い番組では数字が取れないと言われるようになり、テレビ局の編成もお笑いに対して保守的になっていた。

ゴールデンタイムには視聴者人口の多い高齢者をターゲットにした番組が増えていき、お笑い番組は一気に下火になった。

そのような状況で、新しい芸人がなかなか出てこられなくなった。

この10年代にチャンスをつかんでブレイクしたのは、バイきんぐ、スギちゃん、博多《はかた》華《はな》丸《まる》・大吉《だいきち》、大久保《おおくぼ》佳代子《かよこ》など、いずれも第四世代・第五世代の中堅芸人ばかりだ。当時芸歴10年前後の第六世代はなかなか芽が出なかった。

「はじめに」で書いた通り、第六世代とは1977〜1988年生まれの芸人を指す。のちに「第七世代」という言葉が生まれたことで、第六世代は**「谷間の世代」**として認識されるようになった。

今のテレビの中心的な存在となっているのは、第四世代・第五世代の芸人たちだ。一方、勢いがあるのは若手の第七世代の芸人である。

それらに比べると、第六世代は今のところ苦戦している。ＭＣを務めるほどの地位まで上り詰めた人も数えるほどしかいない。

10年代前半には上の世代のほうに勢いがあり、10年代後半になると、第七世代が台頭してきた。どちらにも属さない第六世代は、ずっと苦しい状況に追い込まれている。

第六世代はなぜそんなに苦戦しているのだろうか。ここではその問題を考えるためのサンプルとして、第六世代のスターであるキングコングとオリエンタルラジオの2組を取り上げたい。

彼らは養成所に在籍している頃から頭角を現していて、デビューまもなく一気に大ブレイクを果たした。

ゼロ年代のお笑いブームを牽引する存在であり、同世代の中でも出世頭だった。第四世代・第五世代で言うと、ナインティナインやロンドンブーツ1号2号に匹敵するスーパーエリート芸人だったのだ。

ところが、彼らはいずれもタレントとして突き抜けることができなかった。人気は頭打ちになり、苦い挫折を味わった。

なぜそうなってしまったのか。彼らの挫折は何を意味しているのか。２組の栄光と挫折の過程をたどりながら、第六世代について考えていきたい。

ＮＳＣ在学中にコンテストで優勝

キングコングの西《にし》野《の》亮廣《あきひろ》は、１９８０年に兵庫県川西市で生まれた。相方の梶《かじ》原《わら》雄《ゆう》太《た》は、１９８０年に大阪府大阪市で生まれた。

彼らは吉本興業の芸人養成所「ＮＳＣ大阪」で出会ってコンビを結成した。

養成所で西野と梶原はもともと別々のコンビを組んでいた。

どちらのコンビも結果を出していて、ネタの授業でも上位に位置する評価を受けていた。西野と梶原はそれぞれのコンビで中心的な存在だった。

そんなエース同士が元のコンビを解散して、新たにコンビを結成した。それがキングコングだった。

ひと目見たときから２人の圧倒的な才能を見抜いていたＮＳＣの講師たちは「それでいいんだよ。君たちは売れる」と内心で拍手喝采を送っていたという。

キングコングは同期の中でも卓越した実力を見せつけ、高い評価を得ていた。

若手芸人の中でゆったりした漫才が流行していた時代に、あえて逆を行く超ハイスピード漫才を選んだ。漫才中は２人で派手に動き回り、息つく暇もないほどにボケとツッコミをたたみかけていった。

ＮＳＣ在学中の２０００年には『ＮＨＫ上方漫才コンテスト』最優秀賞を受賞した。養成所在学中にこのようなビッグタイトルを獲得した芸人は後にも先にもいない。

ＮＳＣ卒業後の２００１年には『ＡＢＣお笑い新人グランプリ』最優秀新人賞を受賞。同じ年に始まった『はねるのトびら』（フジテレビ）ではレギュラーに選出され、華々しいスタートを切った。

『はねるのトびら』は、キングコング、ロバート、ドランクドラゴン、北陽《ほくよう》、インパルスの５組が出演する深夜のコント番組として始まった。第六世代の芸人が本格的に世の中に出るきっかけになった番組の先駆けである。

流行りものをテーマに取り入れた本格志向のコントは、若い世代を中心に熱狂的な支持を得た。

徐々に時間帯が繰り上がり、２００５年にはゴールデンタイムに進出して、20％以上の視聴率を稼ぐ大人気番組となった。

キングコングは実力だけでなく人気も圧倒的だった。ゼロ年代初頭には数多くのお笑い雑誌やお笑い関連のムック本が刊行されていたのだが、キングコングはそこで表紙を飾ったりしていた。

見た目もいい彼らはアイドル的な人気を誇っており、この時期のお笑いブームを牽引する存在だった。

しかし、順風満帆に見えた彼らも、裏では苦悩を抱えていた。アイドル芸人として脚光を浴びた彼らのもとにはすさまじい量の仕事が舞い込み、２人の疲労とストレスはピークに達していた。

そんな最中の２００３年、梶原が仕事を無断で休んで失踪してしまった。彼はメンタルの調子を崩してしまい、そのまま休養に入った。

ここでコンビとしての仕事がなくなってしまったのだが、西野は辛抱強く梶原を待ち続けた。

約半年後にようやく梶原が復活すると、キングコングはそれまで以上に精力的に活動するようになった。『はねるのトびら』はゴールデンタイムに昇格してフジテレビの看板番組になり、キングコングとしても複数の冠番組を持つようになっていた。

しかし、西野はその状況に満足していなかった。レギュラー番組を多数抱え、ゴールデンで20％を超える視聴率を叩き出し、数字の上では結果を出しているはずなのに、スターになったという手応えを感じられなかったからだ。

たけし、さんま、ダウンタウン、ナインティナインといった歴代のスター芸人は、今でもはるかな高みに君臨していて、手が届きそうにない。西野はここで自分の限界に気付かされた。大きな挫折だった。

絵本作家兼ＹｏｕＴｕｂｅｒとして活躍

そこで西野は、思い切った方向転換をすることにした。テレビの世界で勝てないのなら、別の分野で勝負をすればいい。

そう考えた西野が新しく始めたのが、絵本を描くことだった。

正攻法で絵本を描いても、経験と実績のあるプロの絵本作家には勝てない。世間をアッと言わせるには、描き方を工夫するしかない。

そこで彼が実践したのが、１冊の本を描くために膨大な手間と時間をかけるということだった。

筆先０・03ミリの極細のペンを購入し、大きなスケッチブックに細かい線でびっしりと描き込んでいった。最初は１枚の絵を仕上げるのに約60時間かかっていたという。

約５年の制作期間を経て、２００９年に１冊目の絵本『Ｄｒ．インクの星空キネマ』（幻冬舎）が出版された。長い年月をかけて作られた絵本は、すべての絵が精緻《せいち》に描き込まれていて、異様な迫力に満ちていた。

その後、西野はテレビの仕事を減らし、絵本執筆を中心とした個人の活動にますますのめり込んでいくことになった。

絵本を描き続ける一方で、その原画を展示する個展も日本各地で開催した。２０１３年にはニューヨークでも個展を開いた。

開催のための資金を、当時まだ珍しかったクラウドファンディングで集めたことも話題となった。

このあたりから、西野のプロデューサー的な才能が徐々に開花していった。

彼にとって絵本とは、単なる個人的な作品ではなく、面白いことをするためのツールでもある。

売るためにどうすればいいか、多くの人に読んでもらうためにはどうすればいいか、というテーマを考えること自体を楽しんでいるようなところがあった。

彼が４冊目の絵本を作るにあたって考えたのが「作り手を増やす」というアイデアだ。１冊の絵本を１人の作家が作らなければいけないという決まりはない。

才能のある多くの人を巻き込んで共同で作業をしていけば、質の高い絵本ができるはずだ。

そのような考えで作られたのが、２０１６年に出版された『えんとつ町のプペル』（幻冬舎）である。この本は33名のイラストレーター、クリエイターによる分業制で制作された。

制作過程を随時ウェブなどで公開していたこともあり、発売直後から口コミで人気が広がり、発行部数は現在までに69万部を突破。彼の作品の中でも最大のヒット作となった。

絵本制作以外にも、彼はさまざまなプロジェクトに意欲的に取り組んでいて、多くの人を巻き込むことに成功している。

２０２０年12月25日には彼が原作・脚本・製作総指揮を務めるアニメ映画『えんとつ町のプペル』が公開された。

さらに、２０２１年１月30日、西野は吉本興業とのマネジメント契約を終了し、独立を果たした。芸人として型破りでスケールの大きな活動を続けてきた西野は、ついにお笑い界最大手の吉本興業を離れることになった。

一方、相方の梶原にはずっと目立った動きがなかったのだが、２０１８年10月、自身のＹｏｕＴｕｂｅチャンネルを開設して、ＹｏｕＴｕｂｅｒ「カジサック」として活動を始めた。「２０１９年末までに登録者数が１００万人に届かなかったら芸人を引退する」と宣言。背《はい》水《すい》の陣の覚悟でＹｏｕＴｕｂｅの世界に挑んだ。

梶原はＹｏｕＴｕｂｅを始める前に、そこで求められていることは何なのか、どうすれば多くの人に見てもらえるのかを徹底的に研究した。

企画や撮影や編集に関しては親しいスタッフの協力を得て、チームとして動画制作を手がけた。ちょっとしたテレビ番組を作るぐらいの意識を持って本気で取り組んだことで、クオリティの高い動画を量産する体制ができて、登録者数はどんどん増えていった。

２０１９年７月には、目標として掲げていた登録者数１００万人を達成。現在ではトップクラスの人気ＹｏｕＴｕｂｅｒの仲間入りを果たした。

梶原の成功に後押しされて、その後、芸人が続々とＹｏｕＴｕｂｅに参入するようになった。

キングコングの2人は、テレビの世界で壁にぶつかった後、それぞれのやり方で新しい市場を開拓することに成功したのだ。

「武勇伝」で史上最速ブレイク

オリエンタルラジオの中田《なかた》敦彦《あつひこ》は、１９８２年に大阪府高槻市で生まれた。相方の藤森《ふじもり》慎《しん》吾《ご》は、１９８３年に長野県諏訪《すわ》市で生まれた。

慶應義塾大学に進学した中田が芸人を目指すようになるまでのいきさつは、彼の自伝的小説『芸人前夜』（ワニブックス）に詳しく書かれている。

留年して2回目の大学2年生の日々を送っていた彼は、ぼんやりした気持ちで通っていた大学の教室で、政府の経済顧問を務めている教授の講義を受けていた。

壇上の教授は「君たちは勉強していい会社に入りなさいと両親に言われてきたかもしれないが、それをいったん忘れてほしい」という趣旨のことを語った。そして、落ち着いた声でこう言った。

「この国の経済は、もうおしまいなんですよ。」

（『芸人前夜』）

一億総中流的な価値観、年功序列、終身雇用、マイホームドリーム。そういった旧世代が漠然《ばくぜん》と考えている社会の制度や生き方は、すでに崩壊していると教授は告げたのだ。

彼は、国や大企業ではなく、自分の力だけを信じてほしいと語っていた。

将来のことなど深く考えずに生きていた中田は、そこで突然、自分たちの世代の現実を突きつけられた。

物心がついた時には、バブル経済は崩壊していた。万札をはためかせてタクシーを停めていた時代を、僕らの世代は知らない。まして戦後の焼け野原から高度成長をしたなんてのは昔話だ。

ゆっくりとゆっくりと、病魔に冒されていくような不安感。そしてそれを包み隠すような教育と情報に対する不信感。それらは、粉雪のようにひっそりと、しかししんしんと、僕らをとりまく世界に降り積もっていた。

（『芸人前夜』）

教授の言葉に衝撃を受けた中田は、自分の将来について改めて考え直し、自分が本当にしたいことは何なのかを考えた。そこでお笑いをやりたいという夢が浮かんできた。景気が良い時代には、どんな仕事でもノリと勢いだけである程度は上手くいったのかもしれない。

だが、この万年不況の時代を生き延びるためには、戦略と覚悟が要る。このとき、中田は本気で芸人になる決意をした。

彼はバイト先の自動車事故受付センターで藤森と知り合った。電話の応対が主な仕事だったが、夜勤だと電話もほとんどかかってくることがなく、時間を持て余していた。バイト仲間の2人は自然と言葉を交わすようになり、仲良くなっていった。

中田が芸人を目指していることを知ると、藤森は持ち前のチャラいノリで「俺もやりたい」と言い出した。

最初は、藤森がどこまで本気なのかわからなかったため、中田は不安を感じていた。だが、藤森を信じて結局コンビを組むことにした。

確かな戦略と猛勉強で大学受験を乗り切った中田にとって、お笑いの世界も攻略すべき対象でしかなかった。

何よりもまずスタートダッシュが肝心だと考えて、中田は養成所に入る前から１００本のネタを作っていた。そして、藤森と２人で「ＮＳＣ東京」に入学した。

同期の中でも彼らの存在は抜きんでていた。ネタ見せの時間に「武勇伝」の原型となるリズミカルなネタを披露したところ、同期の生徒たちもドッと笑った。

ライバル同士だからあまり他人のネタで笑いたくはないという雰囲気にもかかわらず、そのネタは大いにウケた。

ネタが終わった後、養成所の講師は彼らに言った。

「わかった、わかったわ。」

（中略）

「お前らが今年のナンバーワンなんやな。」

（『芸人前夜』）

彼らはプロに認められた。そして、ここから一気に快進撃が始まった。デビュー前の養成所生でありながら、『Ｍ－１グランプリ』で準決勝まで進んだ。

そして、『エンタの神様』出演をきっかけに、テレビでも大ブレイク。寝る暇もないほどの多忙な日々を送ることになった。

最盛期にはゴールデンタイムに冠番組を持ち、向かうところ敵なしの状態になった。

ところが、ピークを過ぎるとその勢いは急速に衰えていった。冠番組やレギュラー番組が次々に終わり、彼らは窮地に追い込まれた。

同期のはんにゃ、フルーツポンチといった芸人が台頭してくる一方で、「もうオリラジの時代じゃない」という空気が流れ始めた。

だが、彼らはそこでじっと堪え忍び、新たな道を模索し始めた。中田は高学歴芸人としてクイズ番組に出演したり、『新世紀エヴァンゲリオン』好きの芸人としてマンガ・アニメ関係の仕事を増やしていった。

すると、そんな中で転機が訪れた。藤森が軽いノリの「チャラ男キャラ」でブレイクを果たしたのだ。

『ショーバト！』（日本テレビ）という番組で女性エンタメ集団のあやまんＪＡＰＡＮとコラボした藤森は、ノリノリで明るくおどけてみせるチャラ男を演じて話題になった。

チャラ男のキャラはどんどん独り歩きして、「君、かわうぃーね！」などの決めフレーズも誕生。『しゃべくり007』（日本テレビ）にゲスト出演した際には、過去の交際相手などを勢いよく暴露して話題になった。

それまではどちらかというとネタ作りを担当する中田のほうが目立っていたが、この頃から藤森のキャラも世間に知られるようになり、オリエンタルラジオはコンビとして少しずつかつての存在感を取り戻していった。

中田の「プレゼン芸」の才能が開花

2014年、『しくじり先生　俺みたいになるな!!』（テレビ朝日）という番組が始まった。有名人が自身の失敗談を題材にして、授業形式で人生の教訓を伝えるという企画だった。

オリエンタルラジオはこの番組の初回で「天狗になりすぎちゃった先生」として出演。過去の大ブレイクで調子に乗ったせいで落ちぶれてしまったことを、中田が開き直って面白おかしく語ったところ、大反響を巻き起こした。

ここで中田の「プレゼン芸」の才能が花開いた。中田は、カリスマ的な人気の予備校講師のように、どんなテーマでもわかりやすく熱くプレゼンすることができた。

その才能が認められ、中田はこの番組に準レギュラーとしてたびたび出演した。この番組から派生した企画として、中田が歴史をテーマにして講義を行う『中田歴史塾』という特番も放送された。

その後、オリエンタルラジオはコンビとして「武勇伝」に続くヒット作を世に送り出した。彼らとダンサー4人からなる音楽ユニット「RADIO FISH」としてリリースした『PERFECT HUMAN』という楽曲が話題になったのだ。

2016年2月放送の『ENGEIグランドスラム』（フジテレビ）というネタ番組で、彼らはダンサーを引き連れて本気の歌と踊りのパフォーマンスを見せた。

ほかの芸人たちが漫才やコントを演じる中で、ただひたすら真剣に持ち歌を披露した彼らの異様さは際立っていた。

音楽やダンスの完成度が高かったために、それをなぜかネタ番組で芸人がやっているという場違い感が際立って、面白さがいや増していた。

これをきっかけに、瞬く間にインターネットを中心に口コミで話題が広まり、楽曲はiTunesなどの音楽配信サイトのチャートで1位を獲得。その後、日本有線大賞の有線話題賞、日本レコード大賞の企画賞などを受賞した。

彼らは『ミュージックステーション』などの音楽番組でも同曲を披露して、年末には『N

ＨＫ紅白歌合戦』にも出場した。

『ＰＥＲＦＥＣＴ　ＨＵＭＡＮ』では、オリラジの２人の個性が見事に生かされている。歌詞の中で、藤森はひたすら中田をカリスマとして持ち上げる。

そして、盛り上がりの最高潮で中田は自信満々に「I'm a perfect human.」とつぶやき、自らを完璧な人間だと断言してみせる。

この歌詞で描かれた２人の関係性は、決して作られたものではなく、彼らの中にもともとある要素を誇張して表現したものだ。

だからこそ、それが揺るぎない説得力を持ち、多くの人の心を捉えた。

本格的にビジネスの道へ

しかし、中田自身はこの成功に満足していなかった。楽曲は大ヒットして、多くの人に知られるようになったが、それを十分な収益につなげることができていなかったからだ。

ヒットの規模に比べると、楽曲から得られる印税額はわずかなものでしかなかった。

今どきのミュージシャンは楽曲の印税だけではそれほど儲からなくなっていて、主にライブ活動とそれに伴うグッズ販売などで収益を得ている。

しかし、オリエンタルラジオの「ＲＡＤＩＯ　ＦＩＳＨ」は、ライブで収益を得るための仕組み作りができていなかった。

そこで、中田は金を稼ぐということに改めて向き合うことにした。ファッションブランド「幸福洗脳」を立ち上げ、ＥＣサイトを開設し、東京の乃木坂に路面店を開き、自身がデザインしたＴシャツなどを売り始めた。

さらに、２０１８年にはオンラインサロン「ＰＲＯＧＲＥＳＳ」を始めて、２０１９年にはＹｏｕＴｕｂｅチャンネル『中田敦彦のＹｏｕＴｕｂｅ大学』を開設した。

このチャンネルのメインコンテンツは、歴史、文学、経済などに関する中田の講義である。一般に馴染みのない小難しいテーマを取り上げて、それをわかりやすく噛み砕いて面白く伝えてくれる。中田のプレゼン芸の集大成とも言えるチャンネルだ。

このチャンネルのすごいところは、１本30分前後の濃密な内容の講義をほぼ毎日というすさまじいペースでアップし続けていること。そして、中田自身がプレゼンのために毎回猛勉強して新しい知識を取り入れ、それをアウトプットしているということだ。

塾講師や大学教授が自分の専門分野について講義するのとはわけが違う。中田は自ら学びながら、それをコンテンツとして提供している。いわば、壇上に立つプレゼンターであると同時に、生徒の１人でもある。人並み外れた知的好奇心と情熱がなければ、こんなことをやり続けるのは不可能だろう。

２０１９年９月にはチャンネル登録者数が１００万人を突破した。芸人ＹｏｕＴｕｂｅｒとしては梶原に続く２人目の快挙だった。

２０２１年３月16日時点での登録者数は３７１万人であり、芸人ＹｏｕＴｕｂｅｒの中ではトップを走っている。

２０２０年12月には、オリエンタルラジオの２人は吉本興業を離れて独立することを発表した。自らのオンラインサロンのメンバーを集めて、彼らの前で記者会見を行い、その様子をＹｏｕＴｕｂｅで公開したというのも画期的な試みだった。

キングコングとオリエンタルラジオの歩んできた道のりは、第六世代の芸人の特徴をよく表している。

彼らには、戦略を練る頭脳があり、天性の華があり、デビューしてすぐに爆発的に売れるだけの実力があった。

だが、そんな彼らでさえも、テレビの世界で頂点を極めるような成功はできなかった。

それは、上の世代の芸人たちの壁があまりにも高かったからだ。ナインティナインの岡村が明石家さんまに対して冗談で「上がつかえてるんです。早く引退してください」などとよく言っているが、その岡村よりも下の世代の絶望はそれどころではないだろう。

テレビの世界で挫折を味わったキングコングとオリエンタルラジオは、すぐに方針を変更して、新しい分野に乗り出した。この切り替えの速さも、何かと要領のいい第六世代の特徴だ。

そうやって彼らは、新天地を見つけて、そこを拠点にしてのびのびと活動を続けている。一度は本気で「天下取り」を目指したからこそ、潔くそこに見切りをつけて、別の分野に進むことができた。その意味では、彼らはやはり紛れもないエリート芸人なのだ。

「山里世代」はそれぞれの道を行く

私は２０１５年に『逆襲する山里亮太《やまさとりょうた》』（双葉社）という本を出版した。南海キャンディーズの山里亮太を筆頭に、彼と同世代にあたる**「山里世代」**の芸人を取り上げて、それぞれについて考察するという内容だった。

ここで言う「山里世代」とは「第六世代」とほぼ同じ意味だと考えていい。

「山里世代」という言葉が表立って使われたのは、２０１４年４月30日放送の『ナカイの窓』（日本テレビ）である。ここで、山里、オードリーの若林《わかばやし》正恭《まさやす》、ピースの綾部《あやべ》祐二《ゆうじ》などが集まり、子供の頃に流行したものなどについてトークを展開した。

その中で、ＭＣの中居《なかい》正広《まさひろ》から「山里世代からなぜスターになる芸人が生まれていないのか？」という素朴な疑問が投げかけられた。

山里はそれに答えて「僕らの世代は全員小器用でしかないんですよ」「上の世代を本気で打ち負かしてやろうと思っている人がいない」などと持論を述べていた。

山里世代の芸人たちの弱点が浮き彫りになったのが、２０１４年から２０１５年に放送されていた『ミレニアムズ』（フジテレビ）だった。２０００年（ミレニアム）頃にデビューしたという共通点を持つオードリー、ウーマンラッシュアワー、ナイツ、流れ星、山里亮太という5組の芸人が、コントなどの企画に挑むというものだった。

当時すでに人気を確立しつつあったオードリーや山里に加えて、テレビで注目され始めたばかりのウーマンラッシュアワーや流れ星を加えた豪華なメンバーで、開始当初はお笑いファンの間でも注目されていた。

だが、いざ蓋を開けてみると、「陰」のオーラを持つ芸人たちが、フジテレビのコント番組のキラキラした華やかな雰囲気とまったく噛み合わず、番組は迷走を続けた。時間帯が繰り下がった後、程なくして番組は終了した。

『めちゃイケ』のナインティナイン、『はねトび』のキングコングのように、軸になる「陽」のオーラを持つ芸人がいなかったことが『ミレニアムズ』の失敗の原因だったのではないか、と若林はのちに振り返っていた。

「山里世代＝第六世代」の芸人の多くは、上の世代の芸人に対する強烈な「憧れ」と、そこには追いつけないという「あきらめ」を同時に抱えていた。

彼らは、たけし、さんま、ダウンタウンなど、テレビで活躍する上の世代の芸人に憧れて、お笑いの道を志した。

上の世代のスターたちは、膨大な制作費が注ぎ込まれたスケールの大きいコント番組やバラエティ番組に出演していた。

だが、いざ自分が芸人になってみると、テレビ業界の好景気は過ぎ去っていて、そのような番組はほとんど制作できなくなっていた。

しかも、上の世代は相変わらずテレビの世界で頂点に君臨していて、そこに入り込む隙間もない。

実際、同世代では圧倒的な勢いがあったキングコングやオリエンタルラジオでさえも、高く分厚い壁に弾き返されて、テレビのスターとなることはできなかった。

そんな状況の中でどうやって生き残っていけばいいのか、というのが山里世代の基本的な考え方である。彼らの戦いは最初から「負け」を受け入れるところから始まっているのだ。

そのため、この世代で目立っている芸人の多くは、地上波テレビ以外の場所に活路を見出して、独自の活動を続けている。

前述のキングコングやオリエンタルラジオはもちろん、ピースの又吉直樹《またよしなおき》は純文学作家として小説の執筆を続け、芥川賞を受賞した。相方の綾部は世界的なスターになることを目指してニューヨークに旅立った。

ウーマンラッシュアワーの村本大輔《むらもとだいすけ》は、アメリカでスタンダップコメディアンになるための修業を続けている。ナイツは浅草の寄席を中心に活動を続け、老若男女に支持される漫才師になった。

芸人を目指していた頃の彼らは、上の世代のスター芸人のようにテレビの世界で華々しく成功したいと思っていた。

だが、活動を続けていく中で、彼らは徐々に自分がテレビの真ん中で成功できる資質を持った芸人ではないことに気付いた。

そこで、別の道を模索して、それぞれに合った生き方を見つけていくことにしたのだ。

前述の通り、山里は「僕らの世代は全員小器用でしかない」と自分たちを評する。

この世代では、山里のように大卒の芸人も多いため、頭の回転が速い優等生が目立つ。

小器用というのも決して悪いことではない。小器用だからこそ、目の前の現実に合わせて臨機応変に戦略を変えていけるという側面もある。

第四世代・第五世代のナインティナインの岡村は、自分たちがテレビで育った「テレビ芸人」であり、テレビと共に心中する覚悟で芸人をやっていると語っていたことがある。

そのような感覚は、上の世代の芸人の多くに共通するものだろう。

だが、良くも悪くも第六世代にはそこまでの覚悟がない。テレビで上手く立ち回れないのであれば、ほかの場所を探せばいいという割り切りがある。

この世代で今も生き残っている芸人は、一様にクレバーでたくましい。

彼らは自らの不遇を時代のせいにしない。「昔は良かった」とは言わない。そもそも物心ついた頃からずっと不景気なので、良かった時代というものが存在しない。

ただ、そんな状況を黙って受け入れて、それでも突き抜けるために戦略を練り、それを実行していくだけだ。

芸人としての個々の能力や層の厚さでは、第六世代は上の世代に見劣りするかもしれない。だが、その分だけ彼らには、時代の変化に対応する器用さが備わっているのだ。

「最後の本格派」千鳥の時代が来た

全体的に伸び悩んでいる第六世代の芸人の中で、唯一気を吐いているのが千鳥である。過酷な競争に巻き込まれて「天下取り」を早々にあきらめてしまう芸人が多い中で、千鳥はあくまでも正攻法にこだわり、芸人としてもタレントとしても着実に結果を出し続けてきた。

現在では、幅広い世代から支持を受けており、お笑いファンや同業者からの評価も高い。深夜のお笑い番組『テレビ千鳥』（テレビ朝日）、ゴールデンのクイズ番組でありながら芸人解答者の大喜利合戦になることも多い『クイズ！ＴＨＥ違和感』（ＴＢＳ）、千鳥版『あらびき団』のような異色のネタ番組『千鳥のクセがスゴいネタＧＰ』（フジテレビ）、彼らの高度ないじり芸が堪能できる『相席食堂』（朝日放送）など、ディープな笑いの感覚と大衆性を両立させた奇跡のような番組を数多く手がけている。

その活躍ぶりから「千鳥はこれから天下を取れるのか」といった話題が持ち上がることが

あるが、私に言わせれば、千鳥はもうすでに天下を取っている。ただ、２０２１年現在のテレビ・お笑い業界の空気の中では、表面上の数字や記録からはそのことが見えづらくなっているだけだ。

千鳥がすでに天下を取っていると私が断言する理由は、「面白さを認められた結果として圧倒的な人気を得ている」という事実があるからだ。

芸能人の人気にはさまざまな要素が含まれているものだが、千鳥は何よりもまず「面白い」ということで評価されている。

その証拠として、ボケ担当の大悟《だいご》は、決して一般的な好感度の高いキャラクターではない。見た目はチンピラ風であり、大酒飲みでヘビースモーカーであることも公言している。

妻子持ちであるにもかかわらず、女遊びをしていることを否定せず、何度も週刊誌のターゲットになっている。

上の世代の芸人ならば、そういうことも笑って許されたかもしれない。しかし、この世代の芸人でこのキャラクターが許される人はそれほど多くはないだろう。

だが、大悟だけはそれが見逃されている。なぜなら、彼にはそれを弾き飛ばすほどの笑いのセンスと人間的魅力があるからだ。確実に笑わせる能力さえあれば、細かいマイナス要素は気にならなくなる。

トップクラスの人気者でありながら、古き良き芸人の危なさを漂わせている大悟は、この世代で最も「本格派」の芸人である。

ノブのツッコミが進化した

岡山県出身で高校の同級生だった大悟とノブは、大阪で芸人としての活動を始めた。大阪時代は順調で、一時はレギュラー番組10本以上を抱える人気ぶりだったのだが、２０１２年にはそのほとんどを捨てて東京に進出してきた。

しかし、東京ではなかなか結果を出せずに苦労した。大阪では売れっ子だった彼らも、東京ではほとんど知られていない。２人とも全国ネットのテレビ収録では緊張してしまい、持ち味を出し切れないことが多かった。

しかし、ロケの面白さが評価されたことをきっかけに、徐々に東京のテレビにも慣れていき、自分たちのスタイルを自然に出せるようになっていった。

千鳥が東京で評価され始めたもう１つの理由は、ツッコミ担当のノブが劇的な成長を遂げたことだ。

初めから独自のお笑いセンスを持っている「完成品」だった大悟に対して、ノブは一歩一歩着実に成長を続けてきた。初期の千鳥は、大悟の独創的なボケに対してノブのツッコミがやや平板な印象があった。

だが、東京に出てきてから、ツッコミのやり方が少しずつ変わった。具体的に言うと、「たとえツッコミ」の切れ味が増して、言葉の勢いが強くなった。

何かにたとえるツッコミを得意とする芸人は多いが、ノブの「たとえ」は独特である。あまりほかの人が使わないようなフレーズをあえて持ってきていることが多い。

多くの場合、たとえツッコミで起こるのは「言い得て妙」の共感の笑いなのだが、ノブは「よくわからないけどそうなのかなと思わせる」という絶妙なところを突いてくる。その境地にたどり着いたことで、ノブのツッコミは爆発的に面白くなった。

もちろん、言葉を発するときのタイミングや強さも重要だ。「○○じゃ」「○○せい」「○○すな」といった岡山弁混じりの言葉や、「クセがすごい」といったオリジナリティのあるフレーズを、これでもかというくらい粘っこい言い方で口に出す。

他人に「クセがすごい」と言っているノブこそが、いまや日本一の「クセツッコミ」の使い手である。

ツッコミの技術は「何を言うか」と「どう言うか」の２点に集約される。ノブがその両方の要素を上積みしたことで、千鳥はメジャーへの階段を駆け上がっていった。

現在、ほとんどの芸人は「今のテレビでは好きなことができない」などと言って、ＹｏｕＴｕｂｅでさまざまな企画を行ったりしている。

だが、ノブは、自分がＹｏｕＴｕｂｅをやらない理由として「テレビでもある程度は好きなことができているから」と語っていたことがある。

それだけ千鳥は恵まれた立場にいるということだ。テレビで純粋に面白いことを追求することが許されるのは、一握りのスター芸人だけである。千鳥は着々とそのポジションを固めつつあるのだ。

千鳥は小器用な第六世代の唯一の希望であり、「最後の本格派芸人」である。

第6章

第七世代

デジタルネイティブ世代が新時代を作る

すべてはせいやの一言から始まった

はじめに言葉ありき。現在まで続いているお笑い第七世代の爆発的なブームは、１人の芸人が何気なく口にした「第七世代」という言葉から始まった。

その言葉はマスメディアを通してじわじわと広まっていき、いつのまにか臨界点を超えて世間に浸透していき、大きなうねりを生み出した。

いまや、さほどお笑いに詳しくない人やテレビを見る習慣のない人でも、その言葉だけは知っていたりする。

芸人を世代という観点で論じる本書のような企画が成立したのも、その言葉が広まったおかげだ。

２０１８年12月22日深夜放送の『霜降り明星のだましうち！』（朝日放送ラジオ）の中で、霜降り明星のせいやはこんなことを言った。

ほんまにその新しい、勝手に次の年号の世代みたいな、「第七世代」みたいなのつけて、ＹｏｕＴｕｂｅｒとかハナコもそうですけど、僕ら20代だけで固まってもええんちゃうかな。30歳、40歳の芸人さんの番組ももちろん出たいですけど、20代で区切る番組を。しかも勝手

> に『ワンピース』の「最悪の世代」みたいに名前つけたら、俺いける気すんねんけどな。なんか勝手にくくって。ハナコ、霜降り、何とか、何とか、ゆりやん（レトリィバァ）、何とかで。みんなが言うわけよ、ほうぼうで。「僕ら、第七世代ですから」って。
>
> ほんなら「第七世代?・」って記者とか、上の人とかも「なんやねん、第七世代」みたいな。みんなが言う、第七世代。ほんなら、その世代で固まってやろう、みたいになるんちゃうかな。

これがすべての始まりだった。霜降り明星は『M−1グランプリ』で優勝を果たした直後で勢いに乗っていた。せいやは軽い気持ちで口を滑らせたのだろう。

しかし、「第七世代」というのは、最近出てきた若手芸人の総称として使い勝手がいい言葉だったため、発案者であるせいやの意図を超えてすさまじい勢いで拡散していった。そして、あっという間に一般的な用語として定着した。

お笑い雑誌で「第七世代」の特集が組まれたり、テレビ番組で「第七世代」関連の企画が多数行われたりした。

第七世代として取り上げられる機会が多いのは、霜降り明星、ハナコ、ゆりやんレトリィバァ、ミキ、ＥＸＩＴ、かが屋、宮下草薙《みやしたくさなぎ》、納言《なごん》、四千頭身《よんせんとうしん》、ガンバレルーヤ、3時のヒロインといった芸人たちである。

その後、第七世代の勢いはとどまるところを知らず、『第７キングダム』『お笑いＧ７サミット』（ともに日本テレビ）、『７Ｇ』（フジテレビ）のように「第七世代」を意味する言葉を掲げた番組が多数放送されるまでになった。

そもそも第七世代とは何か？　はっきりした定義はないが、本書では、昭和から平成に元号が移り変わった１９８９年以降に生まれた人と定義することにする。

この世代が注目されるようになったのは２０１８年である。この年に行われた３つの大きなお笑いコンテストで、立て続けに20代中心の芸人が優勝を果たしたからだ。ピン芸人の大会『Ｒ-１ぐらんぷり』では濱田《はまだ》祐太郎《ゆうたろう》、コントの大会『キングオブコント』ではハナコ、漫才の大会『Ｍ-１グランプリ』では霜降り明星がそれぞれ栄冠を勝ち取った。

彼らの活躍によって、新しい世代の若手芸人が続々と台頭してきているというイメージが作られた。そして、同じ時期にバラエティ番組で宮下草薙や四千頭身などの若手芸人も活躍し始めていた。

そんな中で、２０１８年の年末にラジオでせいやが「第七世代」という言葉を口にしたことで、ブームに火がついたのだ。

第七世代はひな壇でガツガツしない

お笑いの歴史の中で、一度に多数の若手芸人が注目されてブームになる現象は何度もあった。ただ、第七世代の台頭は、これまでの若手芸人ブームとは質が違う。

ここ数十年の間に、新しい世代の芸人は続々と出てきたが、第二世代の明石家さんまや第三世代のダウンタウンはいまだ現役でテレビの最前線に立っている。

下の世代の芸人は彼らと共存することはできたが、彼らの地位を脅《おびや》かすことはできなかった。

だが、第七世代と上の世代との違いはもっと根本的なものだ。第七世代の出現によって、第一世代から第六世代までの芸人が一気に古いものになる可能性がある。

上の世代の芸人との価値観のズレや考え方の違いは、すでにバラエティ番組でもたびたび話のネタになっている。

たとえば、芸人が多数出演するひな壇番組に呼ばれたとき、上の世代の芸人は自分をアピールするために必死になる。自分が話すスキを見つけると、立ち上がって声を張り上げたりもする。

だが、第七世代の芸人はそこまでガツガツしていない。ひな壇の片隅にのんびりと座っていて、自分の番が回ってきたら何か言えばいいや、という感覚の人が多い。

決してやる気がないわけではなく、考え方が根本的に違うのだ。

『世代論の教科書』によると、１９８３〜１９９４年生まれは**「さとり世代」**と呼ばれる。１９８９年以降の生まれである第七世代は「さとり世代」とも重なっている。

同書では、さとり世代の特徴として「『少子化』で競争が少ない」ということが挙げられている。

日本の合計特殊出生率は70年代後半から減少を続けてきたが、その中でも少子化問題が表面化したのは、さとり世代が生まれた時期にあたる１９９０年の「１・57ショック」からだった。

このとき、合計特殊出生率が１・57を記録し、これが丙午《ひのえうま》の迷信による出生数減によって合計特殊出生率が１・58だった１９６６年よりも低かったため、世の中に大きな衝撃を与えたのだ。

さとり世代は人口が少ないため、受験勉強やスポーツのうえで、それまでの世代と比べて競争が激しくなかった。

また、さとり世代の中でも１９８７年から２００３年に生まれた人は、ゆとり教育を受けていて**「ゆとり世代」**とも呼ばれた。

知識偏重型の詰め込み教育が問題視され、学習時間と内容が減らされた。

そんな（ゆとり世代を含む）さとり世代は、競争しなければいけないという意識が薄く、他人を押しのけてまで自分の意志を通すことを望まない。

第七世代の芸人がひな壇でガツガツしないのは、そのような理由もあると思われる。

ＹｏｕＴｕｂｅｒも芸能人も同列

第七世代芸人の最大の特徴は、物心ついた頃からインターネットが身近にあったデジタルネイティブ世代であり、お笑い以外の文化にも幅広い関心を持っていることだ。

具体的に言うと、上の世代の芸人と比べて地上波テレビを絶対視するような意識が薄く、ＹｏｕＴｕｂｅｒなどにも偏見を持っていない人が多い。

実際、霜降り明星のせいやは「第七世代」という言葉を初めて口にした際、芸人だけではなく同世代のＹｏｕＴｕｂｅｒとも団結していきたいという趣旨のことを語っていた。

２０１７年、私は、のちに第七世代と言われるお笑いトリオの四千頭身を取材したことがあった。

そのときに新鮮に感じたのは、取材の合間に彼らが雑談で「この前、コンビニに行ったらたまたまＹｏｕＴｕｂｅｒの◯◯さんを見かけたんだよ！」「えっ、マジかよ！　◯◯さんを生で見られるなんてすごいじゃん」などと語り合っていたことだ。

「◯◯さん」というのは、当時30代後半の私が聞いたこともないようなＹｏｕＴｕｂｅｒの名前だった。

当時20代前半の彼らが、人気ＹｏｕＴｕｂｅｒを芸能人のように考えているのは当たり前のことなのかもしれないが、曲がりなりにもプロの芸人である彼らにも、そういう感覚があるということに驚いた。

今ではプロの芸人も続々とＹｏｕＴｕｂｅに参入するようになり、たとえ上の世代の芸人であっても、ＹｏｕＴｕｂｅｒを頭ごなしに否定的に見るようなことはなくなってきた。

だが、それはあくまでも、あとから知識として学んだことだろう。

上の世代の芸人の大半は、ＹｏｕＴｕｂｅｒを芸能人と同列の存在として考えてはいなかった。

娯楽が少ない時代には、テレビは流行の発信源として若者に不可欠なものだった。だが、今はそうではない。

「芸人はテレビを目指すのが当たり前」という常識は彼らには通用しない。芸人の活躍の場はどんどん広がっていて、もはやテレビだけが絶対的な存在ではない。

第七世代の中には、自身のＹｏｕＴｕｂｅチャンネルで積極的に発信を行っている芸人が多い。単に流行っているから手を出してみたというレベルではなく、自分たちが面白いと思うことを表現するために主体的に取り組んでいることがうかがえる。

仲の良さを見せることに抵抗がない

そんな第七世代の芸人は、これまでのテレビ界やお笑い界の常識に縛られず、自由な考え方をする人が多い。「芸人ならこう考えるべきだ」「テレビではこういうふうに振る舞うべきだ」といった旧来の考え方を真っ向から否定することもある。

過去のお笑い界では芸人同士が対抗心をむき出しにして激しく対立していた。若手芸人の間でも「あいつらには負けない」と互いに意識し合うことが当たり前だった。

しかし、第七世代の芸人同士は仲が良く、互いに助け合い、励まし合っている。コンビの２人が本当に仲がいいというケースも多い。

ここで重要なのは、実際に彼らがプライベートで仲良くしているかどうかではない。単に普段は仲がいい人もいるというだけなら、上の世代の芸人もそれほど事情は変わらない。

この件に関して、上の世代の芸人と第七世代の芸人との最大の違いは「芸人同士が和気あいあいとしている姿を人前で見せるべきではない」という美意識があるかどうか、ということだ。

上の世代の芸人は、お笑い界を厳しい競争社会であると捉えていた。そのため、そこでライバル同士であるはずの芸人が仲良く馴れ合っている姿を見せるのは、銃弾飛び交う戦場でふざけているようなもので、戦う者同士としてはあり得ない行動であると考えていた。

だが、第七世代の芸人にはそういう感覚がない。芸人が仲良くしていてもいいし、それを人前で見せるのにも抵抗がない。

そして、世間の人もそれを当たり前のように受け入れている。

上の世代の芸人であるケンドーコバヤシは、そんな芸人観の変化に戸惑いを感じている。

「お笑いコンビは仲良くないとダメだとか、芸人はいい人じゃなかったらダメだとか、とにかく絶望的につまらない時代になっているな、とは思います。僕がデビューした頃の芸人って、言葉は悪いですけど『ならず者』みたいなやつしかいなかったですからね。養成所は少年院みたいな雰囲気でした。それが刺激的で面白かったし、そういうやつらに対して自分も『負けへんぞ』と思っていたんです」

（Ｙａｈｏｏ！ニュース特集「絶望的につまらない時代」――〝Ｍｒ．やりたい放題〟ケンドーコバヤシの流儀）

一昔前にテレビに出始めた頃のおぎやはぎは「コンビ仲のいい芸人」というキャラクターで注目された。その頃には、コンビは仲が悪いのが当たり前だったので、仲がいいということだけで珍重されていたのだ。

今では、コンビの仲がいいことは珍しいことでも何でもないので、それがことさらに取り上げられることもなくなった。

「芸人は努力を見せるな」は時代遅れ

第七世代の芸人は、自分の目標について熱く語ったり、お笑いに真剣に取り組んでいる姿をさらしたりするのも平気だ。そこに一切の照れがない。

お笑いの世界では昔から「芸人は人前で努力を見せるものではない」という不文律《ふぶんりつ》があったのだが、そんな考え方もいまや時代遅れになりつつある。

お笑いコンテストなどの舞台裏にカメラが入り込み、壁に向かって必死で漫才の練習をする芸人の姿が放送されることも多い。

この点で人々の価値観が大きく変化するきっかけの1つになったのが『M-1グランプリ』である。

若手漫才師が日本一を目指して争う『M-1』は、島田紳助の発案により始まった。紳助は凄腕の芸人でありながら、天才的なプロデューサーであり、無類の「感動好き」でもある。

紳助は『M-1』を単なる漫才の大会ではなく、一種の人間ドキュメントであると考えていた。

若手漫才師が、優勝を目指して1年かけて努力を続け、己のプライドを懸けて真剣勝負を繰り広げる。

『M-1』の生放送では、楽屋や舞台裏にまでカメラが入り込み、緊張する芸人の様子を映し出していた。優勝が決まった瞬間、芸人たちは感極まって握手をしたり、抱き合ったり、涙を流したりした。

単なる漫才のコンテストを感動的な人間ドラマに仕立て上げたことで、『M-1』はお笑い界有数の人気コンテンツになった。

『M-1』が始まった2001年当初、お笑いに感動の要素を持ち込むことは一種のタブーとされていた。

だが、『M-1』があまりにも華々しい成功を収めたために、そこに感動的な演出があることが当たり前になり、見る側もそれを期待するようになった。

第七世代の芸人は、物心ついた頃から『M-1』を見て育っているため、「感動路線」のお笑いに対して抵抗がない。

むしろ、『M-1』を見続けて、素直に自分も熱い気持ちになり、優勝したいという夢を抱く。そして、一心不乱にそこに向かう。

その過程に一切の照れがないというところが、第七世代の際立った特徴である。

第七世代が先輩からかわいがられる理由

そんな第七世代の芸人は、上の世代の芸人と価値観の違いで激しく対立しているのかというと、決してそんなことはない。

むしろ、テレビやライブで見る限りでは、第七世代の芸人は先輩芸人からも愛され、かわいがられている。

少し前までのお笑い界では、駆け出しの芸人は先輩芸人に冷たく対応され、潰されてしまうのが普通だった。潰されても潰されてもはい上がってくる力のある芸人だけが、何とか生き残っていくことができた。

具体的に言うと、2010年から2017年ぐらいまでのお笑い界では「若手芸人はいじられるのが上手い人しか生き残れない」という定説めいたものがあった。

たとえば、この時期にテレビに出るようになったのが、バイきんぐの小峠《ことうげ》英二《えいじ》や三四郎の小宮浩信《こみやひろのぶ》である。

当時の彼らはいじられ役として、ひな壇番組で先輩芸人にあれこれ責め立てられたり、ドッキリ番組でさまざまな罠にはめられたりした。

そこで面白さが認められたことで、それ以外の番組にも出られるようになった。この時期には、原則として芸人の縦社会で先輩から「洗礼」を受けなければ、世に出ることができなかったのだ。

だが、第七世代の芸人に対しては、先輩芸人もそこまで厳しくはしない。むしろ、気を使って優しく振る舞うのが普通だ。

そうなった理由の1つは、世の中の意識の変化だろう。セクハラやパワハラが深刻な社会問題として認識されるようになったことで、たとえ芸人同士の冗談半分のやり取りだとしても、高圧的な振る舞いを嫌悪する視聴者が増えてきた。

多くの人が職場や家庭や社会でさまざまな抑圧を受けている。それを連想させるような言動は受け入れられにくくなった。

また、上の世代の芸人としては、第七世代の芸人は歳が離れすぎているため、純粋にかわいく見えるということもあるようだ。

たとえば、第二世代の明石家さんまや第三世代の松本人志にとって、第四世代から第六世代までの芸人は近い距離にいる後輩である。

だが、第七世代の芸人は、そのさらに下の世代ということで「孫世代」にあたる。だから、彼らに対して厳しくするという感覚がない。

一方、第七世代の芸人も、さんまや松本が血気盛んだった若い頃のことを直接は知らない。そのため、先輩芸人に対して過度に萎縮せず、フラットに接することができる。この点も第七世代の芸人の強みである。

人一倍真面目な優等生タイプたち

そんな彼らは、テレビやお笑いに向き合う姿勢が生ぬるくて不真面目だというわけではない。むしろ、人一倍真面目である。

現代の若者が、単に有名になったりお金を儲けたりしたいということであれば、ＹｏｕＴｕｂｅｒや起業家など、ほかの選択肢はたくさんある。あえてお笑いの道を選んでいる彼らは、むしろ上の世代の芸人よりもお笑いに対して純粋でまっすぐだという一面がある。

もちろん、彼らにも名誉欲や金銭欲がまったくないわけではない。

たとえば、四千頭身の後藤拓実《ごとうたくみ》は、高級車を乗り回し、タワーマンションに住んでいるセレブな生活ぶりを見せている。「芸人の世界には夢がある」ということを伝えるために、あえてそのような姿をアピールしているというのだ。

ＥＸＩＴの兼近大樹《かねちかだいき》もこれに同調しており、「芸人を憧れの職業にしたい」という夢を語っている。

もともと芸人の世界ではそういうスタンスが当たり前だったのだが、第六世代の芸人の時代になると、贅沢な暮らしぶりを見せると嫉妬されたり叩かれたりするという意識が強くなってしまった。そのため、第六世代の芸人の多くは、本音を押し殺し、金持ちであることを隠し、せせこましく生きることが当たり前になってしまった。

その点、第七世代はむしろ芸人として原点回帰していると言える。夢を叶えて、金を持っていることを堂々と見せるのは、お笑い業界を活性化させたいという気持ちの表れなのだ。むしろ人一倍真面目だからこそ、そのような使命感を持っている。

いまの時代、芸人の養成所があり、ＹｏｕＴｕｂｅなどでも気軽にプロの芸人のネタ動画を大量に見ることができる。お笑いを真剣に学ぼうと思う人にとっては、学ぶための環境が初めから整っている。

『Ｍ－１』のようなお笑いコンテストで勝つためには、受験勉強のように戦略を立てて地道な努力を続ける必要がある。ネタの面白さが評価されている第七世代の芸人は、人知れず着実な努力を重ねてきたよりすぐりの優等生ばかりだ。

「第七世代」という言葉の発案者であり、紛れもなく第七世代のトップランナーである霜降り明星、チャラ男キャラで世に出て、新しい価値観を提示するような積極的な発信を行っているＥＸＩＴ。

この２組を中心にして、第七世代という現在進行形の「革命」の実態に迫ることにする。

「動きの笑い」と「言葉の笑い」の融合

２０１８年12月2日に行われた『M－1グランプリ』で優勝を果たしたのは、コンビ歴6年の霜降り明星だった。お笑いファンの中でも彼らの優勝を予想していた人はそれほど多くなかった。

なぜなら、彼らよりも先輩で経験豊富なファイナリストが多かったからだ。大方の予想では何度も決勝に進んでいる和牛やスーパーマラドーナが優勝候補だと思われていた。

ところが、平成生まれのフレッシュな2人が下馬評を覆した。

霜降り明星は若手芸人の中でも早くから頭角を現していた。

ツッコミ担当の粗品《そしな》は、アマチュア時代の２０１２年にピン芸人として関西若手芸人の登竜門と言われる『オールザッツ漫才』（毎日放送）の「ＦｏｏｔＣｕｔバトル」で優勝。斬新な視点のフリップ芸で爆笑をさらい、圧倒的なセンスを見せつけていた。

一方、ボケ担当のせいやも、幼い頃からお笑いが好きで、中学時代には漫才でテレビに出たこともあった。

そんな2人は高校時代にも漫才に打ち込み、別々のコンビとして高校生の漫才コンテスト

『ハイスクールマンザイ』に挑むライバル同士だった。『M-1』を制した時点でプロとしての芸歴は6年目だったが、アマチュア時代も含めるとお笑いに専念してきた時間はそれなりに長い。

そんな彼らは、平成最後の『M-1』でその底力を見せつけた。

この年の大会は、例年に比べて全体的に笑いの量が少なめで、2番手に出た優勝候補のスーパーマラドーナの点数も伸びず、やや重苦しいムードに包まれていた。

そんな中で、9番手の霜降り明星は一気に沈滞《ちんたい》した空気を振り払い、大爆笑を巻き起こした。彼らは決勝ファーストステージを1位で通過して、最終決戦でも勢いそのままに優勝を果たした。

霜降り明星というコンビの強みは、それぞれが単独で笑いを取れる高い能力を備えていることだ。

粗品が切れ味の鋭いツッコミのフレーズで笑わせるのに対して、せいやは体全体を使った動きの笑いを得意としている。

彼らの漫才では、せいやが舞台全体を大きく動き回ってボケ続けて、粗品がズバッと核心を突くツッコミを入れる。「動きの笑い」と「言葉の笑い」を見事に両立させていた。

この手のネタではツッコミの瞬間に笑いが起こるのが普通だ。だが、霜降り明星の場合、せいやの動きの滑稽さが突出しているため、その間にも笑いやすい空気が途切れることがなく、見る人の興味をつなぐことができている。

派手な動きのせいやに対して、粗品のツッコミの言葉はごくごく短い。まるで1枚の絵画にタイトルを付けるように、テレビ番組のワンシーンにテロップを入れるように、端的な一言だけでツッコむ。

ツッコミが終わるとすぐに次の動きが始まる。そうやって緊張感を保ったまま、最後まで圧倒的なスピードで駆け抜けていく。これは、この2人にしかできない漫才だ。

動きの笑いと言葉の笑いは普通は両立しないものだ。霜降り明星はこれらを併用することで、エンジンを2つ積んでいるような馬力を生み出すのに成功した。

彼らの漫才を見ていると、お互いの能力に対する絶対的な信頼感が伝わってくる。2人とも「相方は自分にはないものを持っている」と心の底から信じていて、それを頼りにして全力で戦っているのが感じられる。

そうしたことを人前で照れずに公言する純粋さも第七世代らしい。

吉本興業の若手芸人の間では、少し前から霜降り明星がスター候補として注目されていた。

関係者の誰もが口を揃えて「次世代のエース」と断言していた。

その理由は何となくわかる。若い頃から才能を発揮していてフレッシュな魅力があり、ボケの芸人は身長が低く、かわいげがある動きの笑いを得意とする。

一方、ツッコミの芸人は背が高くてスマートな外見である。こうした特徴は、ナインティナイン、キングコングなど、吉本興業の歴代のスター芸人に共通する要素なのだ。

彼らにはスター候補としての外的な条件もすべて揃っていた。優勝したことで彼らは名実ともにスターとなった。

霜降り明星は次世代のリーダー候補である

『Ｍ－１』優勝後の彼らの活躍ぶりは、歴代王者の中でも特筆すべきものがあった。２０１９年３月には粗品がピン芸人として『Ｒ－１ぐらんぷり』優勝を果たし、前人未到の二冠を達成した。

４月にはテレビで『霜降りバラエティ』（テレビ朝日）、『霜降り明星のあてみなげ』（静岡朝日テレビ）という２本の冠番組が始まり、『霜降り明星のオールナイトニッポン０』（ニッポン放送）というラジオ番組もスタートした。

レギュラー以外の番組への出演も多く、ニホンモニターの調査では、霜降り明星は2019年の1年間で307番組に出演。「2019ブレイクタレント」1位に輝いた。

そんな霜降り明星の活動を見ていて驚かされるのは、彼らの引き出しの多さである。

粗品の言葉のセンスとせいやの動きの面白さにはもともと定評があったのだが、彼らの武器はそれだけではなかった。

粗品はクラシックからアニソンまで幅広い音楽を聴く趣味があり、ピアノをはじめとして数多くの楽器を弾きこなし、作詞作曲も得意としている。

2021年1月7日には、ユニバーサルミュージック協力のもとで音楽レーベル「soshina」を立ち上げたことを発表した。

あるいは、実家の焼肉屋を手伝っていたため、肉の切り方や焼き方に異常なこだわりを見せたりもする。

また、粗品が企画・主演を担当した『霜降り明星・粗品が今一番やりたい企画TV』(関西テレビ)という特番では、序盤に緻密に張った伏線をあとから回収する斬新な構成で見る人に衝撃を与えた。

粗品は、見た目も芸風もスマートで知的な印象だが、芸人らしい豪快な一面もある。

無類のギャンブル好きとして知られ、給料の大半をギャンブルにつぎ込んでいる。そのため、事務所から多額の借金をしている。

２０２０年10月には、３日間で７００万円負けた経験を自身のツイッターで明かしていた。

一方のせいやも、笑いでいじめを克服したという感動的なエピソードがあったり、古い歌謡曲が好きでアグネス・チャンの大ファンであったりするなど、クセの強いキャラクターの持ち主だ。ドッキリ企画などでは予測不能のリアクションで見る者を楽しませる。

一度見たものや聞いたものをそのまま記憶して再現できる特殊能力があり、それを生かしていろいろな人のものまねをしたり、自分が見たテレビ番組などを再現することができる。

２０２０年６月には『文春オンライン』でせいやの「ＺＯＯＭセクハラ疑惑」が報じられた。

ウェブ会議アプリ「ＺＯＯＭ」で女性と会話しながら下半身を露出するセクハラ行為に及んだと報じられ、そのときの画像も公開された（現在、該当記事は削除されている）。

10月には所属事務所の吉本興業が、該当記事は「タレントのプライバシー及び名誉を著《いちじる》しく毀損《きそん》する」として、発行元の文藝春秋に損害賠償を求める訴えを起こした。

「セクハラ疑惑」と言われてはいるが、そこでどういうやり取りが交わされたのかは本人たちにしかわからないことだ。そのため、多くの人にとっては、悪質な事件というよりも微笑ましい騒動として認識されていた。

テレビではせいやが先輩芸人からこのことでさんざんいじり倒された。

霜降り明星は、実績や経歴だけを見るとそつのない優等生のようなイメージがあるが、それぞれがこうした芸人らしい豪快な一面も備えていて、その意味でもスキがない。

単に個々の能力が高いだけではなく、２人が２人とも「素材」として魅力的なのだ。

せいやが「第七世代」という言葉の発案者であることからもわかるように、彼らには世代全体、シーン全体を引っ張っていく覚悟のようなものが感じられる。

霜降り明星はいまや第七世代のリーダー格であるだけでなく、お笑い界の次世代のリーダー候補と言える存在になっている。

「チャラそうなのに真面目」で売れたＥＸＩＴ

チャラ男芸人として知られるりんたろー。と兼近大樹の２人から成るＥＸＩＴは、いまや第七世代を代表する芸人である。

だが、彼らが第七世代と呼ばれるようになったのはテレビに出るようになって少し経ってからだった。

彼らはコンビ歴こそ浅いものの、それぞれの芸歴は長く、りんたろー。に至っては昭和生まれであり、第七世代の定義からは外れているとも言える。

「第七世代」という言葉が広まり出してから、同じ時期に世に出た若手芸人は、キャリアや年齢に関係なく、まとめて第七世代と呼ばれるようになった。ＥＸＩＴもその恩恵を受けたうちの１組である。

彼らが世に出た最初のきっかけは、２０１８年７月に放送された『ゴッドタン』（テレビ東京）の若手芸人を紹介する企画だ。「今のバラエティで売れそうな若手芸人」１位として紹介されたＥＸＩＴは、チャラ男キャラを生かした漫才を演じていた。

だが、レギュラー出演者であるおぎやはぎと劇団ひとりは彼らに質問を投げかけ、あっという間に彼らのチャラくない真面目な素顔をあぶり出してしまった。

「チャラ男」というキャラが認知されるよりも先に、「実は真面目」という素顔の部分のほうにスポットが当たった。

ここから人気に火がつき、彼らは多くのバラエティ番組に出るようになった。りんたろー。はもともと私生活でもチャラい一面はあるのだが、老人ホームで介護のアルバイトをしていたこともあり、根は真面目な好青年である。

相方の兼近は酒を飲まないしタバコも吸わない。女遊びどころか恋愛経験も少なく、そもそもチャラいところのない人間だった。ベビーシッターのアルバイトをしていて子供好きの一面もある。

服装や言葉遣いでチャラく見せてはいるが、とにかく2人ともやたらと真面目だ。彼らには、それぞれ元のコンビの相方が不祥事を起こし、解散を余儀なくされた過去を持っているという共通点がある。

相方がトラブルを起こして苦い挫折を味わっているからこそ、ほかの芸人と比べても人一倍真面目な考え方になるのだろう。

ＥＸＩＴは「コンプライアンスゴリ守り芸人」を自称している。暴言を吐いたり不祥事を起こしたりするのは絶対に許されない。それは彼ら自身が誰よりも身にしみてわかっていることなのだ。

芸人がキャラを背負ってテレビに出てから、素顔を暴かれるまでのスパンは年々短くなる傾向にあるのだが、ここへ来てついに「ほぼ同時」という異例の事態が起こった。

それが人気爆発のきっかけになったのは、素の状態の彼らが人間的な魅力にあふれていたからだろう。

何ものにも動じない本音力

兼近は実家が貧乏で苦労していたことでも知られている。本人の話によると、子供の頃には極貧生活を送っていて、空腹時にはティッシュにマヨネーズをかけて食べていたこともあった。

そんな兼近は、家計を支えるために中学卒業後は定時制高校に通いつつ、朝は新聞配達、昼は建設現場で働いていた。

しかし、それだけではお金が足りなかったため、高校を中退して仕事に打ちこむことになった。

そんな貧乏エピソードを話すときにも、兼近はひたすら明るい。コンビ解散を経験した苦労人でもあるのだが、決して後ろ向きにならず、いつでも明るく前向きに考えられるところが彼の魅力だ。

また、兼近は歯に衣着せぬ本音を言うことでも知られている。テレビ番組では「ワイプ芸の意味がわからない」「テレビの収録時間は長すぎる」などと、仕事に対する不平不満を堂々と述べたりすることもある。

普通の芸人が言うと角が立つようなことでも、そのチャラさとかわいげのおかげでネガティブに聞こえない。

ＥＸＩＴの２人はファンを大事にしていることでも有名だ。芸人のライブＤＶＤは通常なら３０００円台で売られることが一般的だが、彼らは自分たちのＤＶＤを１０００円という驚異的な低価格で販売した。儲けを少なくしてでも、多くの人に気軽に買って楽しんでもらいたいと考えたからだ。

２０１９年にはパシフィコ横浜で観客５０００人を集めて単独ライブを行った。宙づりで登場したり、舞台上から派手に炎が上がったり、お笑いライブの常識を超えた演出の数々で観客を魅了した。

こうした型にはまらない活動が評判を呼び、「ジッター」と呼ばれる彼らのファンは順調に増え続けている。誠実にファンに向き合う彼らの生き様は少しもチャラくはない。

彼らがこのように従来の芸人の常識にとらわれない活動を続ける背景には、自分たちの力でお笑い業界全体を盛り上げたいという気持ちがある。

兼近　まず、事務所の垣根を超えたくて。吉本は吉本、みたいに固まるんじゃなくて、〝若手〟で固まって押し上げるというか。その塊の感じをつくるのは、できてると思うんですよね。それと、お笑いお笑いしないことには結構こだわってます。俺らより上の世代は「お笑い芸人はこうだから、〇〇するのはサムい」「ＳＮＳを駆使してどうこうするのはかっこわるい、むしろやってないほうがかっこいい」みたいな考えだったんですけど、その美学はぶち壊したと思ってます。

りんたろー。　それと、お笑いファンってたぶん数が決まってて、その中にいる人たちがいろんな芸人のところをぐるぐる回ってるだけだったと思うんですよ。それはすごく意味がないことだと思っていて、分母を増やしたいんですよね。だからまったく別のものを好きだった人に興味を持ってもらうとか、昔お笑いが好きだった人が戻ってくるように、ってことはちょっと意識してやっていたかもしれないです。

（ラフ＆ピースニュースマガジン「ＥＸＩＴ未公開インタビュー『何かの第一世代にならないといけない』【月刊芸人】」）

兼近の「事務所の垣根を超えたい」という話は、せいやがラジオで語っていた「第七世代」の話にも通じるものがある。

彼らは同じような問題意識を持って、独自のやり方でお笑い界に風穴を開け、第七世代という巨大なムーブメントを引き起こした。

底抜けの明るさと根っからの真面目さを生かして、ＥＸＩＴはお笑い界をアップデートし続けている。

YouTuber芸人「フワちゃん」

元号が平成から令和に切り替わった２０１９年5月頃、日本全体がお祭り気分に包まれていた。

そんな空気の中から颯爽《さっそう》と世の中に飛び出してきたのが、ＹｏｕＴｕｂｅｒ芸人のフワちゃんだ。

カラフルで派手な衣装に身を包み、ハイテンションでテレビのスタジオに登場。自撮り棒を持って好き勝手に写真を撮りまくり、目上のタレントにも馴れ馴れしい口調で積極的に絡んでいった。

令和に入った頃からじわじわとテレビ出演の機会が増え始め、２０２０年に入ってからは数々の年始特番にも引っ張りだこの人気者になっていた。

そんなフワちゃんの勢いはその後もとどまるところを知らない。毎日のようにテレビに出続ける一方で、雑誌では特集が組まれ、東京都の新型コロナウイルス感染症対策のＣＭにも出演を果たした。

もはやＹｏｕＴｕｂｅｒや芸人という枠組みを超えて、そのライフスタイルやポジティブ思考そのものが若者たちの憧れの対象になっている。

フワちゃんという人間の最大の強みは、「ＹｏｕＴｕｂｅｒ」と「芸人」の要素をバランス良く兼ね備えているところだ。人気ＹｏｕＴｕｂｅｒがテレビに出ているときに意外と地味でおとなしかったり、テレビタレントがＹｏｕＴｕｂｅでは妙に空回りしていたり、といった光景はしばしば見受けられる。

テレビとＹｏｕＴｕｂｅというのは似て非なるものであり、初めから両方にきちんと適応できる人は少ない。

しかし、フワちゃんにはそれができている。もともとただの明るい目立ちたがり屋だった彼女は、そもそも両方の適性を備えていた。

ＹｏｕＴｕｂｅという表現手段を得たことで自分の面白さをストレートに出せるようにな

り、一気にその才能が開花した。

　フワちゃんは兼近と並ぶ直言キャラとしても知られていて、ほかの人が言えないような本音を嫌味なくズバッと口にすることもある。

『ダウンタウンなう』（フジテレビ）に出演した際、坂上忍《さかがみしのぶ》から「フワちゃんってさ、恋とかするの？」と尋ねられた彼女はすかさず「はあ？　あんた、この関係性で教えてあげるわけないじゃん」と返した。

　興味本位で若い女性の恋愛事情を聞こうとする中年男性のセクハラ行為をあぶり出す見事な切り返しだった。

　兼近とフワちゃんに共通するのは、持ち前の軽薄なイメージを逆手に取って、旧態依然《きゅうたいいぜん》とした価値観に対する異議申し立てをスマートにやってのけるところだ。

　その根底にあるのは、彼らのセルフプロデュース能力の高さである。

『世代論の教科書』では**「さとり世代」**の特徴として「空気を読むのが得意」ということを挙げている。

　スマホやソーシャルメディアの普及によって、１人がつながっている人間や所属するコミュニティの数が増え、人間関係が爆発的に広がった。そのため、さとり世代は相手に対して過剰な気遣いをするようになった。

彼らの間では「ＫＹ」（空気読めない）こそが最も忌み嫌われるものとなる。

兼近やフワちゃんは、一見すると自由奔放に振る舞っているように見えるが、実は人一倍空気を読んで、目上の人にも嫌われない言動を心がけている。

フワちゃんも、自身のこだわりについて以下のように語っていたことがあった。


「割と『愛想』って信じてる派。言ってることがちゃんちゃらおかしくても、愛想さえよければ逃げ切れるときもあるんだよね。あたしって生意気だったり失礼な態度を取ったりすることもあるから、こいつだったら許せるなと思われる工夫は人一倍怠っちゃいけないと思う」

（Ｙａｈｏｏ！ニュース特集「呼び捨て・タメ口は尊敬してるから」――「素人」フワちゃんの流儀）


兼近やフワちゃんの大胆不敵な直言は、第七世代らしい絶妙な「空気読み」によって成り立っている。

彼らは単に新しい価値観を持っているだけではなく、その考えを角を立てずスマートに表現することができる。そこに第七世代の強みがある。

個人視聴率重視で若者向け番組が増える

第七世代ブームがこれほど盛り上がったのは、さまざまな要因が絡み合っている。その1つは、視聴率の指標が変わったことだ。

テレビ視聴率調査を行っているビデオリサーチ社が、２０２０年3月30日から調査方法をリニューアルした。

具体的には、それまで関東地区、関西地区、名古屋地区、北部九州地区だけに限られていた機械式個人視聴率調査が、その他の地域にも拡大されることになった。

また、関東地区、関西地区の調査世帯数が増えて、より数字の精度が増した。

この変化によって、テレビ局が世帯視聴率だけではなく個人視聴率も重視して番組作りをするようになった。

昔は世帯視聴率だけが計測されていた。この方式では、1世帯につき1人でも見ていれば視聴率にカウントされていたため、単純に数の多い高齢者に向けて番組を作ることが高視聴率を取るための必須条件になっていた。

だが、個人視聴率では個々人が見ているかどうかがカウントされるので、高齢者以外でも特定の世代に刺さる番組が数字を取れる可能性が出てきた。

広告を出稿する広告主の立場でも、個人視聴率のほうがターゲットとなる視聴者層に届いているかどうかが明確になるため、好都合なのだ。

個人視聴率は少し前から導入されていて、多くの局では重要な指標として扱われていたのだが、このリニューアルによってさらにその重要性が高まった。

ここ数年、次世代の若手芸人を集めて、新しい才能を発掘することをコンセプトにするような番組が軒並み失敗していた。

たとえば、第七世代ブームが盛り上がる前の2017年から2018年に放送されていた深夜番組『AI-TV』（フジテレビ）では、霜降り明星、四千頭身、ゆりやんレトリィバァなど、のちに第七世代として知られる芸人が多数出ていたのだが、番組自体はさほど話題にならないまま終わってしまった。

若い芸人が出る若い世代向けの番組は、これまでの視聴率調査の方式では単に数字が取れない番組だと思われていた。

ダウンタウンやウッチャンナンチャンが出ていた『冗談画報』（フジテレビ）、『夢で逢えたら』以来、フジテレビの深夜番組では若手芸人を発掘して育成する番組の伝統がある。

かつてはその枠から発展する形で『めちゃイケ』『はねるのトびら』などのヒット番組が生まれてきた。

だが、その後はこの枠から話題になる番組が生まれておらず、『ＡＩ－ＴＶ』も不発に終わってしまった。

若い視聴者を対象にした若手芸人が出る番組は、数字が取れないから無理だと言われてきた。

だが、今はそれが変わりつつある。

たとえば、２０２０年４月には、特番として何度か放送されていた『有吉の壁』（日本テレビ）がゴールデンタイムでレギュラー化された。

この番組では、大勢の芸人たちが有吉弘行を笑わせるためにロケを含むさまざまな企画に挑んでいく。

このような純粋なお笑い番組をゴールデンタイムでやることは少し前なら無謀だと言われていたのだが、明らかに潮目が変わった。

チョコレートプラネットの「ＴＴ兄弟」、２・５次元アイドルのパロディキャラ集団「Ｋ

ＯＵＧＵ維新」など、『有吉の壁』発のキャラクターが大きな話題になっている。

高齢者にそっぽを向かれて世帯視聴率が低くても、個人視聴率で若者に支持されていることがはっきりすれば、それもきちんと評価されるという時代になった。この風潮が第七世代ブームの追い風になっているのは間違いない。

「優しさ」を求める時代の空気

第七世代ブームが盛り上がったもう１つの要因は、時代の空気が変わってきたことだ。

２０１９年に放送された『Ｍ－１グランプリ』を見ていて、印象に残った場面があった。６組目に登場した見取り図の２人が、お互いの見た目をけなし合うくだりに入ったときのことだ。盛山《もりやま》晋《しん》太《た》郎《ろう》がリリーに対してこう言った。

「お前さっきから黙って聞いてたら、女のスッピンみたいな顔しやがって。お前な、なでしこジャパンでボランチおらんかった？」

この言葉が発せられた直後、一瞬だけ会場は水を打ったように静まり返った。『Ｍ－１』の決勝では厳しい予選を勝ち抜いた実力派の漫才師がネタを披露するため、そもそもスベるということが少ない。

多少スベったとしても、客席の笑い声がゼロになるということはめったにない。

しかし、このときにはそのゼロがあった。

盛山の発言は明らかに笑わせることを意図していたものだが、彼の思いとは裏腹に会場は一瞬だけ時が止まったように無反応になったのだ。

これは単に「スベった」というよりも、観客全員がこの言葉を笑えるものとして受け止めることを拒否したと見るべきだろう。

相方の見た目をイジるのに「女のスッピン」という表現に加えて、具体的な女性アスリートの存在を持ち出した。一昔前なら何の問題もなく通用する表現だったかもしれないが、今の感覚では「アウト」と判定されるのは無理もない。

容姿をイジる笑いや、人を傷つける笑いは今の時代にはそぐわない、などと言われることが年々増えてきた。

少なくとも、そういうものを「笑えない」と感じる人が増えていることは確かである。

自分では「笑えない」とまでは思っていなかった人ですら、「笑えない」と思う人のことを今までよりも意識せざるを得ないようになってきているため、その手の笑いが通用しづらくなっている。

一方、同じ日の『M-1』では、ボケを否定しない優しいツッコミを武器にするぺこぱが3位に食い込む大健闘を見せた。

元来、ツッコミとは常識を盾にしてボケを否定したり訂正したりするものなのだが、ぺこぱのツッコミ担当である松陰《しょういん》寺《じ》太勇《たいゆう》はボケ担当のシュウペイの言動を否定せず、そこに理解を示した。

ぺこぱの芸は「否定しないツッコミ」「人を傷つけない笑い」といった言葉で形容され、彼らはこれを機に売れっ子になった。

見取り図とぺこぱの漫才から見えてくるのは、優しさをまとった笑いが多くの人に求められるようになっている、というお笑い界のトレンドだ。

ちょうど同じ時期に、テレビ番組内で明石家さんまが性別非公表のジェンダーレス芸人のりんごちゃんに対して性別をしつこく問い詰めて「オッサンやないか」と発言したところ、ネット上で批判の声が高まったこともあった。

また、「ブス」「デブ」などと女性芸人の容姿をいじるようなネタに関しても「笑えない」「許されない」などと感じる人の割合が年々高くなっている。

世間の意識が変わった結果、かつては見逃されてきたような差別ネタやセクハラ・パワハラ的な言動も非難の対象となっている。

そのような世間の空気の変化に対しては、上の世代の芸人よりも第七世代の芸人のほうが適応力がある。

若い世代はもともと古い価値観を持っていないので、新しい考え方が自然と身についている。

一方、上の世代の芸人は古い価値観を引きずっているため、新しい考え方に意識的に合わせていくことはできても、根本的に考え方を変えるのは難しい。

2019年には芸人の闇営業問題が世間を騒がせた。吉本興業を中心にした芸人たちが、事務所を通さない営業によって、反社会的勢力の人間から金銭を受け取っていたことが報じられたのだ。

この問題が騒がれた背景にあるのは、「芸人は日常的に夜の街で怪しい人とつるんだり女遊びをしたりしているんだろう」というネガティブなイメージだ。

ところが、根っから真面目な第七世代の芸人には、そういったマイナスの要素がなく、クリーンなイメージがある。だからこそ、起用する側としても安心して仕事を依頼できる。

闇営業問題によって、吉本興業とお笑い界全体に対して世間が不信感を抱くようになってしまった。お笑い界にとっては危機的な状況である。

だが、逆に考えると、この状況はそういった悪いイメージと無縁の第七世代が躍進するためのこの上ないチャンスでもあった。昔ながらの芸人のような怪しさやいかがわしさを持たない若手芸人は、新しい時代に求められる人材となった。

そのように時代の空気が変わっているからこそ、礼儀正しく真面目で、柔軟な考え方を持ち、多様性を受け入れる第七世代の芸人が人気を博しているのだ。

おわりに

芸人はテレビとどう向き合ってきたか

本書で述べてきたお笑い世代論とは、人を笑わせることを生業《なりわい》とする芸人が、時代ごとにテレビというメディアにどう向き合ってきたかという記録でもあった。

第一世代のザ・ドリフターズや萩本欽一は、テレビという新しいメディアに合わせた「テレビ芸」を発明して、一時代を築いた。

ドリフは飽きっぽい視聴者の好みに合わせて、血のにじむ思いで毎週毎週、新ネタを作り続けて、テレビのコントのあるべき形を提示した。

萩本は、テレビというメディアの特性に合った「素人いじり」という鉱脈を見出し、素人の自然で予測不能なリアクションから生まれる笑いをどこまでも掘り下げていった。

第二世代のビートたけしや明石家さんまは、『ひょうきん族』で「プロの芸人があえて素人のように振る舞う」という斬新な手法を編み出した。いわば、プロの芸人がプロの技術を駆使して本気でふざけることが、テレビ的な笑いであると考えたのだ。

それは、現在に至るまでテレビでの芸人のスタンダードなあり方として定着している。

第三世代のとんねるずやダウンタウンは、師弟制度から解放された最初の世代として、強力なリーダーシップを発揮して、テレビを自分たちの遊び場にした。

とんねるずは、素人が素人のままで開き直ってテレビに出ていくことで、新時代のお笑いスターとなった。テレビや芸能界に権威があった時代に、それを逆説的に利用して成り上がりの物語を紡いでいった。

ダウンタウンは、自らを笑いの権威として、芸の巧拙よりも面白いかどうかだけにこだわることで、「笑わせる人」として芸人の再定義をしてみせた。このとき、笑いは伝統芸能ではなく、誰でも参加可能なスポーツのようなものになった。

第一世代や第二世代が痛切に感じていた伝統的な芸に対する負い目のようなものは、ダウンタウン以降の世代にはほとんど見受けられない。

それは笑いの自由化であると同時に、資本主義的な熾烈《しれつ》な競争の始まりでもあった。

第四世代・第五世代のナインティナインやロンドンブーツ1号2号は、コント番組が減ってスタッフ主導型のバラエティ番組が増えてきた時代にいち早く適応して、同世代のトップランナーとなった。

第六世代のキングコングやオリエンタルラジオは、テレビの影響力が下がってきた時代にテレビの世界に真正面から向き合い、大きな挫折を経験した後、テレビとは別の場所に力強く踏み出していった。

そして、第七世代の芸人にとっては、もはや地上波テレビは数ある選択肢の1つに過ぎなくなり、芸人の生き方も価値観も多様化していることが当たり前になった。

第一世代から第七世代までのお笑いの歴史は、芸人がテレビという新大陸を発見し、そこに定住し、そこから新たな陸地を目指して旅立っていくまでの過程でもある。

良くも悪くも、テレビは数あるメディアの中でも影響力が桁外れに大きく、芸人にとって無視できない存在である。一方で、芸人が本来の職務とする芸を見せるには不向きなメディアでもある。

だからこそ、芸人たちはこのテレビという怪物とがっぷり四つに取り組み、悪戦苦闘を続けてきた。

今後テレビの影響力が落ちていくと、芸人たちは成長の糧《かて》となる「好敵手」を失うことになるのかもしれない。

テレビ亡き後に芸人同士の世代差はどのように認識され、どのように語られるのか。それはまだ明らかではない。

これからの「お笑い世代論」とは

私が子供の頃に夢中になって見ていたテレビの中の芸人たちは、大人の世界の象徴のような存在だった。

彼らはしばしば、子供にはよく理解できない性的なネタで笑い合ったり、業界の内輪話や昔のアニメやテレビ番組の話で盛り上がったりしていた。

そんな彼らのことを一方的に憧れの眼差しで見ていた。今の自分にはよくわからないけれど、きっと面白いことを言っているに違いない、と思っていた。

そこから時が流れ、下の世代の芸人が台頭していき、自分も年齢を重ねるにつれて、理解できることや共感できることがどんどん増えてきた。

特に、自分と同世代の第六世代の芸人が話すことについては、世代間ギャップがほぼゼロに等しいため、ピントが合った状態であらゆる話題を深く理解して楽しめるようになった。

そして、第七世代の時代が来た。自分より何歳も年下の芸人が、同世代にしかわからないような話で盛り上がっている光景をしばしば目にするようになった。

中高生の頃、『ダウンタウンのごっつええ感じ』などを見ていて「この面白さは年上のオッサンたちには理解できないだろうな」などと思っていたものだが、いま自分がその頃に想像していたオッサンそのものの年齢になっていると思うと震える。

今後、第七世代より下の世代の芸人も続々と出てくるに違いない。第七世代の台頭によって、自分が「置いていかれる側」になりつつあることを意識するようになった。

私が本書で述べたお笑い世代論の根底にあるのは、そのような上の世代に対する憧れや敬意、同じ世代に対する理解や共感、下の世代に対する焦りや恐れといった素朴な感覚である。

誰もがどこかの世代に属している。そして、その立場からしか各世代について考えたり語ったりすることはできない。

本書で書いたのは、１９７９年生まれの私という一個人から見たお笑い世代論である。きっとほかの人にはほかの見方があるはずだ。

今後、読者の中から志ある方が名乗りを上げて、それぞれの立場からそれぞれのお笑い世代論を編み上げていってくれたら、著者としてそれ以上の喜びはない。

目次・章扉デザイン／椚田祥仁

ラリー遠田（らりーとおだ）
1979年生まれ。東京大学文学部卒業。専攻は哲学。テレビ番組制作会社勤務を経て、お笑い評論家に。テレビ・お笑いに関する取材、執筆、イベント主催など、多岐にわたる活動を展開。著書に、『教養としての平成お笑い史』（ディスカヴァー携書）、『とんねるずと『めちゃイケ』の終わり　〈ポスト平成〉のテレビバラエティ論』（イースト新書）、『なぜ、とんねるずとダウンタウンは仲が悪いと言われるのか？』（コア新書）、『逆襲する山里亮太　これからのお笑いをリードする7人の男たち』（双葉社）など、多数。

お笑《わら》い世代論《せだいろん》

ドリフから霜《しも》降《ふ》り明星《みょうじょう》まで

2021年4月30日初版1刷発行

著　者 —— ラリー遠田
発行者 —— 田邉浩司
装　幀 —— アラン・チャン
印刷所 —— 萩原印刷
製本所 —— 国宝社
発行所 —— 株式会社光文社
東京都文京区音羽1-16-6（〒112-8011）
https://www.kobunsha.com/
電　話 —— 編集部03（5395）8289　書籍販売部03（5395）8116
業務部03（5395）8125
メール —— sinsyo@kobunsha.com

落丁本・乱丁本は業務部へご連絡くだされば、お取替えいたします。
© Larry Toda 2021 Printed in Japan　ISBN 978-4-334-04535-7

1116
日本のスポーツビジネスが世界に通用しない本当の理由
葦原一正

スポーツビジネスは特殊なビジネスではない。経営面でも海外で戦えるようになるために必要なものとは何か、スポーツに憑かれたB．LEAGUE創設の立役者が明かす熱きビジネス論。

978-4-334-04524-1

1117
大学教授、発達障害の子を育てる
岡嶋裕史

自閉スペクトラム症の息子と、自分もその傾向があった父親の日常生活奮闘記。職業柄、大量の文献を読み込み、医師、臨床心理士、役所、教師、そして世間とのズレに挑むが……。

978-4-334-04509-8

1118
渋沢栄一に学ぶ大転換期の乗り越え方
田口佳史

道徳なくして、ビジネスは成立しない。激変する時代を生きるビジネスパーソンのために、「渋沢栄一の生涯」と『論語と算盤』、そして『論語』をもとに「仕事の本質」を説く一冊。

978-4-334-04525-8

1119
資本主義から脱却せよ
貨幣を人びとの手に取り戻す

松尾匡
井上智洋
高橋真矢

「安心な生活」が失われているのはなぜか。それは〈経済の仕組み〉に問題があるからだ。経済学の論客二人と不安定ワーカーが、いま〝発明〟すべき「新しいストーリー」を提示する。

978-4-334-04526-5

1120
カラー版 王室外交物語
紀元前14世紀から現代まで

君塚直隆

時代遅れの遺物から、平和を支える存在に——現代に力を発揮する王室・皇室外交を、紀元前の中東から中世・近代の欧州、大戦前後の英王室へと辿り、日本の皇室のあり方も振り返る。

978-4-334-04527-2

1121
ルポ 婚難の時代
悩む親、母になりたい娘、夢見るシニア

筋野茜 尾原佐和子 井上詞子

住職がサポートする「寺コン」、親が相手を探す「代理婚活」、コロナ禍での「オンライン婚活」など、十人十色の婚活模様と日本人の結婚観を共同通信の女性記者三人が徹底取材！

978-4-334-04528-9

1122
未来は決まっており、自分の意志など存在しない。
心理学的決定論

妹尾武治

「我々の自由意志とは錯覚であり、幻想である」——心理学、生理学、脳科学、量子論、人工知能、仏教、哲学、アート、文学、サブカルを横断し、気鋭の研究者が世界の秘密に挑む。

978-4-334-04529-6

1123
ドレミファソラシは虹の七色？
知られざる「共感覚」の世界

伊藤浩介

「真っ赤な嘘」は、なぜ赤色？「いろいろ」は、なぜ「色々」？音や文字に色を感じる〝共感覚〟はなぜ生じるのか。気鋭の脳科学研究者による、ヒトの認知の不思議に迫るスリリングな一冊。

978-4-334-04530-2

1124
巨人軍解体新書

ゴジキ（@godziki_55）

ファンもアンチも日本一多い球団、読売ジャイアンツの「勝利の哲学」とは。巨人軍の21世紀のスター選手たちを振り返りながら、パ・リーグへの対抗策を考える。

978-4-334-04531-9

1125
20世紀論争史
現代思想の源泉

高橋昌一郎

現代の思想を理解するためには、20世紀の偉大な知性が議論を重ねた諸問題を踏まえなくてはならない。「教授」と「助手」が時にユーモラスに対話しながら道案内を務める知の論争史。

978-4-334-04532-6

光文社新書

1126
運気を引き寄せるリーダー 七つの心得
危機を好機に変える力とは
田坂広志

「強運」のリーダーは、メンバーやチームにも「強運」を呼び込む。「運の強さ」は、誰でも意識的な努力で身につけることができる。先端科学に基づいた二一世紀の「新たな運気論」。

978-4-334-04533-3

1127
もしも、私が「がん」になったら。
81歳、現役医師の準備と決意
藤田紘一郎

81歳、免疫が専門の名物医師がとことん「がん」と向き合った。仕事は続ける？ 治療は受ける？ 改善すべき生活習慣は？ 発症しても慌てない、嘆かないためのがん入門書。

978-4-334-04534-0

1128
お笑い世代論
ドリフから霜降り明星まで
ラリー遠田

芸人の「第七世代」という言葉が一般にも広まるなか、それ以前の世代が誰なのか、どのような変遷を経て現在に至ったのかを改めて振り返る。「世代論」で読みとく戦後芸能史。

978-4-334-04535-7

1129
郵政腐敗 日本型組織の失敗学
藤田知也

郵便事業の創業から一五〇年を迎えた日本郵政グループ。従業員四〇万人を超える巨大組織の実態は、「腐敗の構造」と究極の「事なかれ主義」だ。朝日新聞のエース記者が徹底取材！

978-4-334-04536-4

1130
「倫理の問題」とは何か
メタ倫理学から考える
佐藤岳詩

それは良いことか、悪いことか。これは正義か、不正義か——。日常がゆらいだときに現れる倫理の問題に、私たちはどう向き合えばいいのか。世界の眺め方が変わるメタ倫理学入門書。

978-4-334-04538-8